幕末・維新大全

幕末・維新研究会 編

はじめに

幕末・維新はそれこそ暗殺が渦巻く動乱の時代です。

この時代を、多くの偉人たちが、その生命をかけて駆け抜けていきました。そして、さまざまなドラマや逸話を生み出しました。

本書は、幕末・維新の歴史の流れを押さえながら、一九人の人物を厳選し、そのエピソードを載せることで、時代背景やその人物なりの人柄を浮かび上がらせることを目的として編集されました。

本書を読んでいただければ、きっと幕末・維新の時代を生き抜いた英傑たちが身近に感じられることでしょう。

皆さんも、私たちといっしょに、あの時代を駆け抜けた、坂本龍馬や高杉晋作、西郷隆盛、勝海舟らに会いに行きませんか。

幕末・維新研究会

目次

常に世界に目を向けた天才政治家――島津斉彬　46

二章 開国・倒幕への道

龍馬とともに幕末を駆け抜けた男——中岡慎太郎 85

意地と度胸の長州男児——高杉晋作 101

三章　明治を造った男たち

四章　動き出した新政府

本文イラスト／いまいかおる

一章

動乱の時代が今始まる!

動乱の時代の幕が上がる！

一八四〇年（天保一一）、隣国清でアヘン戦争が起こった。イギリス軍が清国本土に進出し、屈伏させ、一八四二年の南京条約によって、香港を奪い、上海、広東など五港を開港させる約束をとりつけた。

ちょうどそのころ、日本では老中・水野忠邦の手で天保の改革が進められているころだった。この隣国で起きたアヘン戦争は、日本にも大きな衝撃を与えた。日本はこの事件において、初めて攘夷の危機を知った。そしてこの事件にいち早く敏感に反応したのは、西洋学者たちだった。その代表者ともいえるのが、**「佐久間象山」**である。

幕府側は一八四二年（天保一三）、文政年間に制定した異国船打払令を緩和し、難破した外国船には、燃料や水を与え穏やかに退去させるよう指示を出した。

その一方、江川太郎左衛門らに命じて、伊豆韮山に大規模な反射炉を建造させ、大砲の鋳造を行った。これを機に、水戸藩、薩摩藩などでも、西洋砲術の研究や、軍制の改革が行われ、夷狄の来襲に備えることになった。

それでも幕府が必死になって鎖国政策を守ろうとしていた一八五三年（嘉永六）、アメリカ提督のペリーが軍艦四隻を率いて、浦賀に来航し、大統領の国書を示して開国を求めた。幕府はペリーの強硬な態度に押され、翌年回答をすることを約束し、いったん日本を去った。この直後、ロシアのプチャーチンも長崎に来航し、開国を求めた。

翌年、約束通りペリーは軍艦七隻を率いて再び来航し、開国を求めて強硬に迫ったので、幕府は一八五四年、日米和親条約を結び、下田、函館の二港を開港した。これに続き、イギリス、ロシア、オランダとも同様の条約を結び、およそ二〇〇年にわたって続けられてきた幕府の鎖国政策は、ついに打ち破られた。

この和親条約にもとづいて、一八五六年、下田に着任したアメリカ総領事ハリスは、通商条約締結を求めて、幕府側に迫った。

このころ国内では、将軍継嗣問題が起こり、水戸の徳川斉昭の子・一橋慶喜を推す一橋派と、紀伊藩主・徳川慶福を推す南紀派との間で対立が表面化していた。

こうしたなかで、幕府は通商条約締結の意を固め、勅許をもらおうと、老中・堀田正睦が京都におもむいた。しかし、孝明天皇の反対で勅許を得ることはできなかった。この後幕府の切り札として老中に就任したのが、**「井伊直弼」**である。井伊は、ハリスの要求を受け入れ、無勅許のまま強引に条約を結んだ。続いて、徳川慶福を後継将軍に指名し、一橋派の**「島津斉彬」**、松平慶永、徳川斉昭らを罰した。

このとき結ばれた通商条約は、治外法権を認め、関税自主権を放棄するなど、日本にとっては不平等なもので、あとあとに大きな問題を残した。

尊攘派は、井伊が無勅許のまま条約締結に踏み切ったことを激しく攻撃した。これに対し井伊は、幕府の政策に反対する人々を一掃しようと、一九五九年、橋本左内、**「吉田松陰」**らを処刑した（安政の大獄）。

しかし、開国により国内の物価が高騰し、経済は混乱の度を深めた。これは、社会問題にまで発展し、尊攘派の外国人殺傷事件があいつぎ、物価騰貴に悩む下級武士などを中心に尊皇攘夷運動はいっそう激しさを加えた。

　尊攘派の手にかかって、井伊が暗殺される（桜田門外の変）と、幕府の権威は大きく傾き、幕府は朝廷との提携を強めてこの事態を乗り切ろうと、公武合体策を進めた。皇妹「**和宮**」を将軍家茂に降嫁させようというもので、再三、朝廷側に催足し、ついに実現にこぎつけた。

　これらの政策に対し尊攘派は、老中・安藤信正を江戸城坂下門外で襲撃し（坂下門外の変）、安藤を失脚させることで対抗した。

　こうした歴史の流れのなかで、ペリーの来航以来、尊皇攘夷運動はますます高まり、幕府、倒幕側の思惑も複雑に絡み合いながら、動乱の時代の幕は切って落とされたのである。

［維新を導き出した行動する思想家

吉田松陰］

洋人を感嘆させた松陰の行動力

ペリーが再来航してきた一八五四年、吉田松陰（寅次郎）と金子重輔の二人が黒船艦隊に密航を企てる事件が起きた。

大荒れの海のなか、小さな舟一そうでこぎつけてきて、

「われらの志は世界をめぐり見識を広めることにある」

という理由で密航を申し出た。

このとき米国側は、これからの日米関係、特に条約締結に向けて、関係を悪化させないための配

〈吉田松陰年表〉

一八三〇　長州藩士杉百合之助の次男として萩松本村に生まれる

一八三四　叔父吉田大助の仮養子になる

一八四二　叔父玉木文之進の開いた「松下村塾」に入門

一八五一　江戸遊学。山鹿素水、佐久間象山に師事。

脱藩して東北行

一八五三　再び江戸へ

慮から断ったのだが、幕府側が密航罪で二人を処罰すると聞いて、刑の軽減を申し出ている。

彼らの文字通りの命がけの行動に、さしもの黒船艦隊も感嘆したのだ。

松陰が密航を企てた理由

松陰が密航を企てた直接的な動機は、佐久間象山との出会いにある。松陰が象山に初めて会ったのは、一八五一年で二十歳を過ぎたばかりのころであった。

象山の教えは、

「彼を知りて己を知る」

というもので、象山自身はこの〝彼〟を知るために西洋に没頭していた。

しかし、書物によって得られる知識は少ない。

一八五四　ペリー来航に接し、海外渡航を決意
ペリー再来。密航を企てるが失敗。萩野山獄へ投獄される
一八五五　獄中で高須久子に会う
出獄を許可され、杉家で蟄居
一八五八　老中間部詮勝の暗殺を画策。安政の大獄に連座して再び野山獄に投獄される
獄中で久子と再会
一八五九　伝馬町獄内にて刑死

できることなら、直接外国に行ったほうがはるかに多くのことを知りえるに違いない。そこで松陰は、ペリーが来航しているのをいいことに、密航を考えたのだ。この考えに対して、最初は象山も驚いたが、漂流ということならおとがめもうけまい、とアドバイスしたりしている。

ペリーが最初に来航したときは準備が間に合わず密航はできなかったが、当時長崎にロシアの戦艦が滞在していると聞いて、松陰は一路長崎に向かう。ところがこのときは、おしくも行き違いになってしまった。松陰は肩を落として江戸へ帰り、ペリーの二度目の来航を待つことになる。

人を見抜く才能

吉田松陰は、江戸で佐久間象山に師事した。しかし、彼の思想に傾倒していたわけではない。どちらかというと客観的に彼に接していた。

象山が松陰に経学をすすめ、『論語』を読むようにいっても、松陰は盲目に従いはしなかった。そのことを手紙のなかで、「遂不従其言」といっている。

この例でもわかるように、松陰は人と客観的に接し、また人の才能を冷静に判断する

ことにたけた人だった。だからこそ松陰の弟子のなかから、高杉晋作、伊藤博文、山県有朋など、のちに歴史の中心に躍り出ていく人々が数多く育ったのだろう。

松陰の風貌

世古延世著『唱義聞見録』のなかで、次のように紹介されている。

「その人短小で、背がかがみ、容貌醜く、色が黒くて、鼻が高くて、痘痕があった。しかし言語は爽やかで、見たところは温柔であった。江戸にも出、佐久間修理（象山）の門人であった」

松下村塾の青春

吉田松陰といえばまずこの塾のことが思い浮かぶというくらい有名なのが、松下村塾。松陰がこの塾で塾生たちに講義をしたのはわずか数年のことであるが、この間にのちの政府の要人となる人物が、ゴロゴロ輩出した。

もともと松下村塾は、松陰の叔父・玉木文之進が松本村の新道の自宅で始めたものが母体となっている。名称の由来は、松陰自身のいうところによれば、松本村の本を下に置き換えた、つまり松本村塾を意味するのだそうだ。

松陰の一番弟子は、のちに松陰の妹婿になる久坂玄瑞。当時の塾生の年令を見ると、高杉晋作十九歳、伊藤博文十七歳、久坂玄瑞十八歳、山県狂介（有朋）十八歳、品川弥二郎十五歳などなど。

皆向学に燃え、のちの日本をささえていく逸材ばかりだ。松陰はこれらの優れた人材を自由奔放に育てた。松陰は常に塾生に向かって、

「ふだん遊んでいて試験勉強でいい点を取るような人間は頼みにならない。常にまじめに熱心に勉強する人でなければ大成しない」

といっている。この塾、自炊制度だったそうで、当番の者が交代で食事の準備にあたった。ひょっとしたらこんな会話が交わされていたかもしれない。

「おーい高杉、お前薪を拾ってこい」

「わかった、じゃあ山県は米をといでおけよ」

　この松下村塾を陰でささえていたのが、松陰の母・杉滝子である。若い塾生たちの母親がわりでもあったようで、伊藤も山県も久坂も「杉のおばさま」と呼んで慕っていたようだ。小松浅乃氏はその著『女たちの明治維新』のなかで、杉滝子の存在について次のように書いている。

「彼女は大勢の若者を、自分の子供のように愛し、また時には厳しく対応した。遠くから来て下宿をする者には、衣食の世話までもした。そしてたんにやさしいだけではなく、間違ったことをしたときは叱責して戒めた。このような滝子のしつけに、感じやすい年ごろの青年たちは母親の姿を見出していたのであろう。彼女は塾の世話役であり、また総支配人でもあり、もちろん母親でもあって、間接的には生徒と松陰との結束に大きな影響を与えたのである」

　将来の逸材もまだまだ子どものころの話である。

一度も怒ったことがなかった?

松陰は非常に温厚な性格の持ち主で、人前ではほとんど怒ったことがなかった。いつも笑顔でいた。

「常に人に向かって、平素沈着でなければ、非常の時に狼狽する。粗暴・過激なことがあってはならぬ」

と考えていた。

ただあるとき、高杉晋作が江戸で犬を斬ったという話を聞いて、大いに怒って戒めたこと（⇩108ページ）はあるそうだ。

信憑性はほとんどないが、斬首されたとき首を取りに行ったら首が笑い顔をしていた、という話が残っているほどだ。

松陰の恋

生涯を通じてあまり華やかなうわさのなかった松陰だが、一度だけ野山獄に投獄されていたとき知り合った高須久子との間に淡い想いが走った。

松陰が初めて野山に入獄したとき、久子は三十九歳ですでに四年間服役していた。久子は藩士高須某の未亡人で、何の罪で入獄させられたかの記録はない。素行上の罪とだけ書かれているが、おそらく姦通だったのではないか、といわれている。

この獄のなかで松陰と久子はたびたび、句歌のやり取りをしている。この歌のなかに、松陰と久子の心の交流が読み取れる。

とくに、二度目の投獄のあと、松陰が江戸へ送られるさいに詠んだ歌には、何ともいえぬ想いがこめられている。

鴫立ってあと淋しさの夜明かな　　久子

高須うしのせんべつとありて汗ふきを送られけれぱ、
箱根山越すとき汗の出でやせん君を思いふき清めてん　　松陰

高須うしに申上ぐるとて、
一声をいかで忘れんほととぎす　　松陰

手のとはぬ雲に樗《おうち》の咲く日かな　久子

その後久子がいつ出獄したのか、記録はない。

松陰の死生観

松陰は、伝馬町で処刑される二日前『留魂録』を著している。その冒頭には、

「身はたとひ武蔵の野辺に朽ちぬとも留置《とどめおかれ》し大和魂」

と書かれている。

松陰は、投獄された当初は遠島になると考えていた。が、諸般の情勢から判断して、死罪はまぬがれないと悟り、この書を著した。この書には、松陰の死生観が見事に表現されている。歴史家の古川薫氏は著書『吉田松陰』のなかで、

「とくに印象的なのは『今日死ヲ決スルノ安心ハ四時（四季）ノ順環に於テ得ル所アリ』と穀物の収穫にたとえた死生観を語った部分である。十歳で死ぬ者も、おのずから十歳の四季を持ち、花あり、種子を残すものだと松陰は言う。

『そして私は三十にして実をつけ、この世を去る。それが単なるモミガラなのか、成熟

した米粒であるかはわからないが、同士が私の微衷を継いでくれるなら、それはまかれた種子が絶えずに、穀物が年々実っていくのと同じで、収穫のあった年に恥じないことになろう。同士よ、このことをよく考えてほしい』

種子にたとえた『留魂』を確信している限り、安心して死へおもむくことができるのである」

と、語っている。

辞世の句

吾　今　為　国　死
死　不　負　君　親
悠　々　天　地　事
鑑　照　在　明　神

吾今国のために死す
死して君親にそむかず
悠々天地の事
鑑照明神にあり

評定所の門をくぐり出るとき、松陰は朗々とこの詩を吟じたという。

「時代の先を見続けた西洋学者 佐久間象山」

自信家・象山

信州松代藩が生んだ、幕末をいろどる天才・佐久間象山は大変な自信家だった。

「われこそは、天下に名だたる大天才」といってはばからず、その有能（？）な血統を残すため、才色兼備、とりわけ尻が大きくて丈夫な子が生めそうな女性を、しつこくさがしまわった。

まず、弟子でもある勝海舟の妹・順子を嫁にしたが、これが象山にしてみれば期待はずれで、夜な夜なはげめども、いっこうに子ができるきざしがない。それもそのはず、順子には、月のものが

〈佐久間象山年表〉

一八一一	信州松代藩士佐久間一学の子として生まれる
一八三三	江戸遊学。斉藤一斎に師事
一八三六	江戸再遊。朱子学を学ぶ
一八四二	藩主真田幸貫が海防掛に任ぜられ、象山はその顧問役となる。「海防八策」上表
一八四三	江戸でオランダ語、洋学を学ぶ
一八五一	象山書院を江戸木挽町で開く

まったくなかったのだそうだ。

　それでは妾にとばかりに、お雪、お蝶、お菊、三人を相手にはげんだが、せっかく生まれても病死したりして、結局お菊が生んだ格三郎という男の子だけが成長した。

　これだけ苦労して生ませた子どもだけに、象山のかわいがりようはたいへんなもので、当時としてはたいへん高価なオランダ製のワクチンをわざわざ長崎から取り寄せて、痘瘡のための予防接種をしたほどである。

　この格三郎、そうした象山の涙ぐましい努力もあってすくすくと成長したが、受け継いだのは一メートル八十センチという象山の体格だけ。頭脳や性格はだいぶちがっていたそうだ。

一八五三　ペリー浦賀に来航
一八五四　ペリー浦賀に再来。吉田松陰の密航事件で蟄居を命じられる
一八六二　蟄居赦免
一八六四　三条木屋町の路上で刺客に襲われ、惨殺される

象山の自慢話

　一八五四（嘉永七）年、ペリーが二度目の来航をしたとき、横浜の応接所を訪れた。

そのとき、警護に出ていた松代藩の前を通ったが、軍議役として列のなかにいた象山の姿を認めると、なぜか黙礼して通り過ぎた。

象山はこれがたいへんな自慢話だったらしい。

「わたしには、ペリーのほうから頭をさげていきましたよ」と、故郷の母親に書き送ったりしている。

ホラ吹き象山

江川太郎左衛門（⇩34ページ）に師事して、西洋砲学を学んでからのこと。

象山は、江川から学んだ砲学をもとに、みずから大砲を設計、鋳造した。いざ試し打ちをしてみると、砲身は砕けて人々のモノ笑いのタネとなってしまった。象山はこの失敗を鋳物師のせいにした。

またあるとき、モチール砲の砲弾が飛びすぎて、幕府の直轄地まで飛んだときは、見物人が砲弾を運んだと強硬にいい放った。

義兄・勝海舟も、

「象山は物知りだったよ……しかしどうもホラ吹きで困るよ」（勝海舟『氷川清話』）と

著書のなかで述懐している。

犬になれば金持ちに？

佐久間象山は、スケールの大きい発想をするため、人々が理解に苦しみ、奇異な存在ととられることが多い。ときには、大ボラ吹きとさえいわれてしまう。しかし、その特異な発想が、時代の夜明けを告げていたことは、万人の知るところだ。

ところで、こんなエピソードがある。ひとりの若者が、象山のもとを訪ねてこう聞いた。

「金持ちになるのにはどうすればいいでしょうか」

象山は即座に、

「簡単なことだよ。今日からさっそく、片足をあげて小便をしなさい」

と答えた。

「先生、それではまるで犬ではありませんか」

「そうだ。金持ちになりたかったら犬になりなさい。義理とか人情にとらわれていては、金持ちにはなれない」

〝金持ちになりたかったら犬になれ〟象山らしいユニークな発想ではないだろうか。


人物ファイル①──江川太郎左衛門（一八〇一〜一八五五）

幕末期に活躍した西洋流兵術家。伊豆国韮山の代官。蘭学者と交流をもち、長崎の兵学者・高島秋帆に西洋砲術を学ぶ。一八四二年から江戸で教鞭をとる。韮山に反射炉を築いて銃砲を鋳造した。幕府に対し、しきりに海防を充実させるための建議書を提出し、ペリーが来航した一八五三年、勘定吟味役格に進み、海防掛となり、品川お台場を築いた。

アヘン戦争が西洋学者になるきっかけ？

隣国・中国で起こったアヘン戦争は、日本国内にも大きな衝撃を与えた。とりわけ日本の思想家たちに与えた影響は大きかった。国防に関しての姿勢の問題である。

象山も衝撃を受けた人間のひとりで、彼は国防の重要性を考え、洋式砲術の専門家である、江川太郎左衛門のところに弟子入りした。このとき象山は三十二歳である。いかに象山が国防の危機を感じていたかうかがいしれる。

ところが、いざ入塾してみると、下積みばかりやらされ、肝心の砲術につ

事件ファイル①――アヘン戦争

一八四〇～四二年にかけて起きた、イギリスの中国（清）侵略戦争。列強による中国半植民地化のきっかけとなった。

イギリスのアヘン密輸によるアヘンの害と大量の銀流出を憂えた清は、イギリス商人の阿片を没収、焼却した。イギリスはこれをきっかけとして貿易保護を名目に宣戦。

清朝軍は上海など各地で敗戦し、一八四二年南京条約を締結して終戦。列強の中国支配が始まった。

この戦争で、清朝は内政不安などもともなって満足に応戦できず、イギリス軍の死者五四〇人に対し、清朝は約二万人だった。

この事件が日本に与えた衝撃は大きく、日本は初めて攘夷の危機を知った。

いての書物は読ませてもらえない。読ませてもらうまでにはなんと三～五年かかるという。それまでは待っていられない。象山はわずか四十日ほどで、江川のもとを去った。

その後、高島流砲術について江川と並ぶ知識を持っていた、下曽根金三郎のところに行き、本格的に砲術について学ぶことになる。

このアヘン戦争をきっかけとして、象山は西洋学者の道を歩むことになる。

佐久間象山を斬り捨てた男――河上彦斎《げんさい》

京の三条木屋町の路上で、象山が反対側から悠々と馬に乗ってこちらに向かってくるのを一刀のもとにスパッと斬り捨てた。逃げようとする象山に追い打ちをかけ、馬から落ちたところを、とどめをさした。

そして、白昼人目が多いにもかかわらず、悠然とその場を立ち去ったそうだ。

彦斎は熊本藩の茶坊主あがりで、小柄、色白、三白眼。性格は温厚だが、その居合斬りの腕前たるや、すさまじかった。

象山の開国主義が、ガチガチの攘夷派である彦斎にはがまんできなかったらしい。

「一体、われらが身をもって白刃の下をくぐってきたのは、何のためだったのか」

と、髪をさか立てて大喝し、木戸孝允の鼻をねじあげたというエピソードでも、攘夷にかける執念のすさまじさがうかがえる。

妹の夫・象山を殺された勝海舟は、

「彦斎は瓜や茄子を切るように人を斬るひどいやつだ」

と何度も語っている。

この〝人斬り彦斎〟も、維新後、斬首された。

「幕府のために闘った悲運の悪役 井伊直弼」

軽く見られていた井伊大老

井伊直弼を大老に推したのは、家定だけではない。本質的なところをたどれば、老中の松平伊賀守、久世大和守が、水野土佐守と謀って、擁立しようとしたのだ。

ねらいはといえば、当然、慶福《よしとみ》を将軍職につけるためである。そこで、当時の将軍家定に入れ知恵して、大奥の支持もとりつけ、目的を成就させるのである。

今でいえば、〝リモコン内閣〟にしようとしたわけだ。

〈井伊直弼年表〉

一八一五　彦根藩主直中の子として生まれる

一八三二　このころ部屋住みとして埋木舎に閑居する

一八四六　長兄・直亮の養子となる

一八五〇　兄の死により家督を継いで彦根藩主となる

一八五三　ペリー来航にあたり、藩兵二千を率いて警備当時主要幕閣のなかでも、井伊の存在はとりたてて目立ったものではなかった。それだけに、幕閣の面々も、反対勢力の面々も、井伊が大老職についたときでさえ、それほど井伊の存在を重視していなかった。

ところが井伊は、要職につくやいなや、その卓抜した指導力を発揮して、次々に史実に残る事業に着手する。

今も昔も、政を司る人間は、利用する側と利用される側にわかれる。そして必ずしも表に出てきた人間が、実権を握っているわけではない。しかし、このときの井伊に関しては利用する側より利用されるはずだった人間の方が、一枚上手だったことになる。

「歴史は繰り返す」、けだし名言である。

一八五四　京都守護になる
一八五八　大老に
　　　　日米修好通商条約無勅許調印
　　　　徳川慶福（家茂）世継ぎに決定
　　　　安政の大獄開始
一八五九　橋本左内、吉田松陰を処刑
　　　　安政の大獄終了
　　　　水戸・薩摩藩浪士により暗殺される（桜田門外の変）

身動きがとれなかった井伊直弼

日米修好通商条約が、朝廷側からの勅許を得ないまま締結された問題は、結果、安政の大獄につながるほど、井伊にとっては大きな障害となった。

井伊の独断専行のようにとられることもあるが、実際は井伊を大老に推した人物の一人、松平伊賀守が、大きく影で動いていた。

松平伊賀守の考えは、なかなかラチのあかない公家方の対応を待つよりも、無断ですぐさま条約を締結し、もしあとでこのことが問題になったら、その責任を井伊に押しつけようとするものだった。

井伊も、松平のその意図を察して、安易に首をタテに振ろうとはしなかった。ぎりぎりまで朝廷の許しを待った井伊だが、松平そして米国の代表ハリスの圧力の前に、無残にも〝無断調印〟を決行する結末となってしまった。

この結果が、のちに大問題になり、井伊の運命はおろか、その後の維新へむけての尊皇攘夷派の活動に拍車をかけ、歴史が大きく動き出す要因になろうとは、当時の幕府の閣僚たちも予想できなかった。

財政危機を救うための通商条約？

　歴史を見るうえで、史実だけでは明確に語れない、ウラの動きというものがある。これは実際に起こった事件に比べれば、立証する資料も少ないので、多分に推測の域を出ない。日米修好通商条約締結のときも、井伊が無勅許調印に踏み切った背景には、財政に逼迫していた幕府が、外国との貿易を一手に引き受けてその利益をひとりじめにし、財政危機を救おうとした、という説がある。その先鋒に立ったのが井伊直弼というわけだ。

　加太こうじ氏は、その著書『江戸の事件史』のなかで、

「（前略）幕府側に、どうせ鎖国をやめて外国との通商もしなければならない時勢になってきたのだから、この際、幕府が通商の権利を一手ににぎろう。すなわち、関税は幕府が取り立てて、幕府の財政の危機を、それで打開しようという判断を持つものがあらわれた。それが開港派であり、のちにその頂点に大老井伊直弼が立つ」

と述べている。また、それに反対した勤皇派の動きについても、

「幕府の貿易独占計画に反対するのが、薩摩その他の西国雄藩で、どうせ通商をするのなら、こちらにも、もうけさせろと割りこもうとしたがうまくいかない。そこで外人は

追い払え、攘夷だというかたちで虚勢を張って幕府へいやがらせをする。（中略）

そういう、だれが通商の権利を握るかという争いが、幕府の動乱の実態だというわけだ」

と述べている。これは、立証する資料が少ないにしても、史実のウラが見えるおもしろい話である。

井伊直弼を影で動かしていた男——長野主膳

この人物に限っては、誰の子であるのかも、どこで生まれたのかもわかっていないほど謎の多い人物だ。

彼は、国学者滝野知雄の妹多紀と結

事件ファイル②——桜田門外の変

一八六〇年、尊皇攘夷派による大老・井伊直弼暗殺事件。

井伊が安政の大獄（⇩43ページ）で、尊皇攘夷派の志士たちに政治弾圧を加えたことに反発した薩摩・水戸藩の志士たちが、幕府改造を目指して直弼暗殺を計画。一八人の同志が江戸城・桜田門外で直弼を襲撃、殺害した。

その後、志士の多くは捕えられ処刑されたり、自首して斬罪になった。

この事件で志士たちは、直弼を暗殺することで幕府の政治を公道に戻すことが目的であり、幕府に敵対しようという気持ちはなかった。しかし結果は皮肉にも志士たちの意に反し、幕府はますます弱体化していった。

婚後、伊勢を根城に諸国を遊学。そのとき、埋木舎時代の井伊に出会う。

その後、彦根藩で士籍をえ、井伊の懐刀として、政治の影の部分を演出していく。歴史上でも指折りの残忍な事件「安政の大獄」も彼の演出によるものとされている。

この主膳も、文久二年の政変で、斬罪に処されている。

幕末No.1の女スパイ——村山たか女

ごぞんじ舟橋聖一作『花の生涯』のヒロイン。長野主膳の手足となって、京洛の町を奔走する女スパイだ。

このたか女、本名はたか、花柳界で

事件ファイル③——安政の大獄

一八五八～五九年、尊皇攘夷派の公卿・大名・志士に対する幕府の弾圧事件。

大老・井伊直弼らは、将軍継嗣問題（⇩58ページ）で徳川家茂を将軍家定の養子と定め、無勅許で日米修好通商条約に調印したので、井伊の専横を非難する声が高まった。

これに対して井伊は、徳川斉昭、松平慶永ら一橋派の大名や幕府役人を処分、吉田松陰や橋本左内ら尊皇攘夷派の志士を厳罰に処した。また、彼らに関係のある公卿も処罰した。

この後、井伊は桜田門外の変（⇩42ページ）で暗殺され、幕府の権威は失墜する。

はおたかはん、和歌では藤原たか、そして俳句でたか女。出身は井伊と同じ近江の彦根。十八のとき、当時の彦根藩主直亮（直弼の長兄）と関係を持つ。その後、金閣寺の住職との間に子をもうけたりしたが、たか女が三十二歳のとき、二十五歳だった井伊と出会い関係を持つようになる。そのころ、主膳とも知り合い暗躍の一役をになうようになるのだ。

小柄だが容姿端麗、なかなかの人気者だったそうである。

雪が歴史を変えた？

もし、雪が降っていなかったら、井伊暗殺は果たして成功していただろうか。

日米修好通商条約、いわゆる物資の面での開国による物価上昇、強引な手段で反対派を封じ込めまた「安政の大獄」（⇩43ページ）に対する志士の反発と、井伊にとって世間の風当りは強かった。

水戸藩（関鉄之助ほか十七名、一説に十九名）、薩摩藩（有村次左衛門）、各々の藩を脱藩して浪士となった十八（二十）名は、万延元年（一八六〇）三月三日、登城しようとする井伊の一行を、桜田門外で待ち伏せた。

一行が桜田門外にさしかかったとき、有村の銃声を合図に、浪士たちはいっせいに井伊に斬りかかり目的を成就する。いとも簡単に、それこそあっけなく、井伊の首は落ちた。

このときの井伊の一行は、総勢五、六十人。浪士たちの約三倍だ。それなのに、何の抵抗もできず、みすみす井伊を暗殺されてしまったのはなぜか。

これは、春にしては珍しく大雪が降ったことと関係がある。武士たちは、この雪が刀に降りかかるのを防ぐために、柄袋をつけていた。このため刀を抜くのが遅れ、手回し十分で襲ってきた浪士の前に、手も足も出なかったのだ。もし雪が降っていなかったら……歴史は変わっていたかもしれない。

常に世界に目を向けた天才政治家

「島津斉彬」

〈島津斉彬年表〉

一八〇九　薩摩藩島津家第二十七代藩主斉興の長子として生まれる

一八四九　斉興の後継ぎをめぐって異母弟久光と対立（お由良騒動）

一八五一　老中阿部正弘の仲介により、藩主になる

城内に製錬所を設ける

一八五二　磯邸内にオランダ式の反射炉を製造

初めて日の丸をつけて航海した昇平丸

斉彬が磯の大工場「集成館」で作り上げた、わが国初の洋式軍艦「昇平丸」は、翌年幕府に寄贈されている。

この昇平丸、当時としては初めての洋式軍艦だったというだけでなく、初めて日章旗を掲げて就航した船なのだ。

ペリーが星条旗を掲げて日本に来航してきたとき、日本はまだ、アメリカの星条旗にあたる国旗というものがなかった。そこで、外国船と区別するためにも、統一の旗を持つ必要があった。以下、

斉彬と阿部正弘の会話。
斉彬「総戦旗は決められましたかな」
正弘「いや、用務多忙でのう……」
斉彬「ならば、日本という国名にもふさわしいので、白地に日の丸ではどうかな」
と阿部に申し出て、四種の見本を提出。他国に類似のものもなかったので決まった。

英雄、英雄を知る

勝海舟の指揮する幕府の伝習艦〝咸臨丸〟が、九州の指宿《いぶすき》に来航したときのことである。

斉彬は同艦を訪ね、勝と懇談し、鹿児島まで回遊するようにすすめた。勝はこれに応じ、鹿児島を訪れた。

斉彬は勝を磯の別邸〝望岳楼〟に案内し、歓待

一八五四　わが国初の洋式軍艦昇平丸を竣工
一八五五　昇平丸を幕府に献上
一八五七　城内の〝開物館〟磯の〝集成館〟で、各種洋式の製造・造船を行なう
製塩を始める
一八五八　鹿児島にて急逝

した。宴もたけなわというとき、斉彬は、

「こんどの航海はどちらを指して行く予定か、日本近海だけか、あるいは遠く琉球諸島まで巡覧するのか」

と、勝に切り出した。すると勝は、

「こんどの航海は海軍伝習のためだから、遠近は蘭人教師の指示による、思うに琉球から台湾まで行くのではあるまいか」

と、答えた。斉彬は続けて、

「しかし琉球に行かれることはこのたびは思いとどまって下さらんか。実は琉球には英人が二人滞在しているので、家来を派遣して英人から外国語を学ばしめ、またひそかに通商のことを謀っている。もし貴艦がかの地に行っていろいろ見聞したら、薩摩藩の秘密が江戸に洩れて大変面倒なことになり兼ねないから、どうか琉球行きはやめて下され」

と願い出た。

勝は斉彬の意を汲み、その後鹿児島を出航すると、船の進路をいったん南に向けはしたが、天候がよくないという理由で、琉球行きを取りやめにしたという。まさに、男同士の心意気の伝わるエピソードだ。

斉彬の出世を遅らせたお由良騒動

斉彬は四十を越えてからやっとという感じで、藩主の座についた。これは、藩の財政を建て直した自信から、父斉興が六十を越えても後進に道を譲らなかったためだ。

しかし、当時の慣例として、六十を越えているのに（長子も四十を越えているのに）家督を譲らず藩政を支配しているというのはまれであった。幕府の圧力もあり、いざ家督を譲るという段になって起こったのが、お由良騒動である。

斉興は、何人かいる側室のうち、特に容姿端麗なお由良をこよなく愛していた。そこでお由良の子・久光と斉彬の間で家督争いが起こった。

この事件では、藩の財政を立て直す責任者となった調所広郷をはじめ、町奉行・近藤隆左衛門など、多くの犠牲を払いながら、幕閣を後ろだてとした斉彬の勝利に終わった。

聡明で、時代を見抜く目を持ちながら、結果的には非業の死を遂げる。斉彬が藩政をとったのはわずか七年間であった。

事件ファイル④――お由良騒動（高崎崩れ）

お由良騒動とは、斉興の嫡男・斉彬と、斉興の側室・お由良の子・久光との家督争い、典型的なお家騒動で、そのウラではさまざまな思惑が渦巻いていた。

斉彬は江戸で生まれ江戸で育ち、海外に関する見識も深く、聡明で、君主としては余りある器であったが、洋学を取り入れ常に新しい方向へ動いていく斉彬の行動は、逼迫していた藩の財政を必死でささえてきた、調所広郷を中心とする一派には、不満の残るものであった。この一派と、自分の子を世継ぎにしたいと願うお由良の思惑が結びついて、騒動は始まった。お由良を愛する斉興の厳しいしめつけ（高崎、近藤ほか五十数名を、断罪または遠島）もあり、お由良一派の有利のうちにことは進んだ。

しかし、幕府の老中・阿部正弘や筑前藩主・黒田長溥と結ぶ斉彬派は、強烈な巻き返し工作を展開し、琉球事件（フランス軍艦が琉球に来てキリスト教の布教と通商を求めた事件）の報告が不十分であると斉興を責め、引責辞任に追い込んだ。

こうして斉彬は、一八五一（嘉永四）年二月、藩主の座についた。

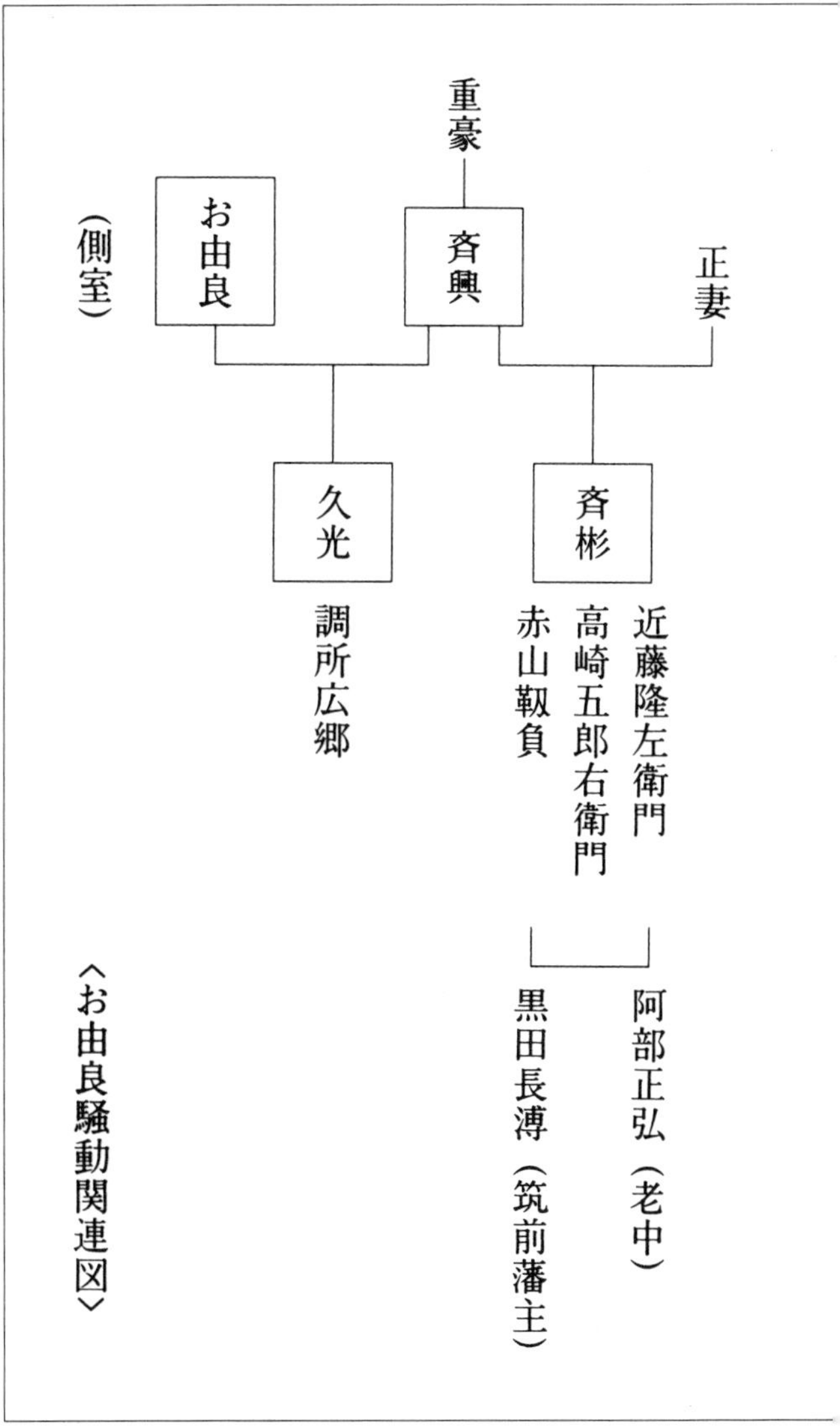
重豪
正妻
斉興
お由良
(側室)
斉彬
久光
近藤隆左衛門
高崎五郎右衛門
赤山靱負
調所広郷
阿部正弘（老中）
黒田長溥（筑前藩主）

〈お由良騒動関連図〉

コレラ？　それとも毒殺？

斉彬の死については、さまざまな憶測が乱れ飛び、どれが真実なのか実情はつかみがたい。いくつか例をあげてみよう。

まず侍医・坪井芳洲の『診断治療書』には、

「初日から三日、単純善性御痢疾と診断していましたが、その後容態が俄に変わって虚脱状態になられた。これは全く当時流行のコレラの症状と存じます」

と書かれている。斉彬はコレラにかかって死んだのだろうか。ときを同じくして、ロシア艦が長崎にコレラ患者を乗せて来航し、それがもとで九州にコレラが流行している。

しかし、毒殺説も依然根強い。斉彬は釣りが好きで、よく自分の釣った魚を酒鮨にして食べていたことから、作家である海音寺潮五郎氏は、

「砒素をその鮨にそっといれたのだ」

と推理している。

また釣った魚自身に銀毒が盛られていたという説もあり、定かではない。毒殺を企てた人物については、斉彬の上洛を憂える父・斉興のさしがねではないか、というのが一

般的な見解のようだ。

才能が敵を作る——諸侯の斉彬評

幕末の英傑のなかでも、その名が一段と有名な勝海舟は、自著『開国起源』のなかで斉彬について、このように語っている。

「幕末において、世界の大勢を察する活眼を有した人は、薩摩斉彬公だけだった。幕府の役人では阿部・堀田の二閣老だけが、やや時勢を知っていた。斉彬は群雀のなかの大鵬ともいうべき、その辛苦経営の力によって開国の基礎はできた」

まさしく、絶賛である。また、恐いもの知らずということで名を馳せた土佐の山内豊信（容堂）公は、

「私は斉彬公とは知己の間柄である。斉彬公は天性沈豪、その度量は紅海のごとく広大である。藩の士民のすべて公に望みをつなぎ、いったん非常時になれば、人も馬も勇み立ち中原の鹿をその手に入れる、即ち天下に覇を唱えることができたかも知れなかったのに、天は公を長生きさせず早死にさせた。まことに惜しいことだった」

と語っている。

このように、諸侯、賢人の間での斉彬の評判は絶大であった。ただその反面、幕閣の一部や、藩のなかに敵を作ることになったのも事実である。自分の才能が敵を作る……皮肉なものである。

近代工業の先駆者――斉彬の事業

安政四年五月十九日、城内にある製錬所を〝開物館〟、磯にある製造所を〝集成館〟と総称して、各種洋式工業を盛大に行い、造船にも着手した。

その事業内容は、反射炉、鑽開台による小砲鋳造をはじめ、弾丸、砲具、火薬、および綿火薬、小銃、農具、刀剣などの製造、陶磁器、切子硝子、板硝子、紙、アルコール、硫酸、塩酸の製造、搾油、白砂糖の製造、工匠器機製造機、溶鉱炉の設置など、実に多岐に及んだ。

それだけ斉彬が海外に目を向け、その技術を日本に取り込もうとした先駆者であることがこれらのことからもうかがいしれよう。

斉彬の命運を変えた事件——将軍継嗣問題

斉彬は、薩摩藩というひとつの藩主であるだけでなく、幕府の旧体制の指導者のひとりでもあった。結果、そのことが、斉彬を死に追い込む（毒殺説をとるならば）ことになるのである。

斉彬の命運を変えたのは、将軍継嗣問題（⇩58ページ）である。斉彬は、井伊直弼を中心とする南紀派に対して、水戸の徳川斉昭、老中・阿部正弘らを中心とする一橋派に属していた。

年端もいかない慶福を将軍に推すより、聡明で利発な慶喜を将軍職につけるべきである、と考えたのである。困難をきわめている政局を乗り切るには、それなりの裁量を持った人間でなければ、無理だということだ。

一橋派は、斉彬の養女が家定に嫁いでいることに注目して、大奥を抱き込もうとする一方、斉彬の腹心・西郷隆盛や松平慶永（春嶽）の腹心・橋本左内らに朝廷工作をさせ、状況を有利に展開した。

ここで、南紀派は巻き返しの切札として井伊直弼を大老職につけた。

井伊は、安政五年、日米通商条約を無勅許で調印し、続いて、慶福を次期将軍に任命して、慶喜を推した一橋派の面々を処罰した。

これに怒った斉彬は、鹿児島に帰り、兵を率いて上洛しようと企てた。この兵の訓練中に、斉彬は急死する。毒殺された、と考えるのも当然といえるほど、あまりにも急なその死であった。

斉彬は常に時代を見すえていた。死を目前にしたその床でも、斉彬は薩摩藩の後継として幼いわが子ではなく、久光の子を世継ぎに指名している。

藩全体、いや日本全体を見すえ、常に行動する天才的な政治家であった。

斉彬はけちんぼう？

天下に名だたる島津斉彬公も、しわい屋だ、けちんぼうだ、などといわれることもあった。それは、たとえ百文、二百文といえども、けっして無駄にはしなかったからだ。

斉彬の手腕をねたむ諸侯には、陰口をたたくものもいた。

ただ、ほんとうにけちんぼうであったのかというと、そうではない。日常生活における無駄を省く、という意味で引き締めはしたものの、国家の大事とあれば、たとえ千両が二千両であっても、惜しみなく出す覚悟があった。

松平春嶽（慶永）がその著『閑窓乗筆』のなかで、斉彬のことばとして、

「私は、随分倹約もいたしますが、千両以上あるいは万両以上の金を、有益な事業に費やすのには、少しも惜しむ気持ちはありません。二百疋、三百疋のどうにもならない金は、かえって惜しむ気持ちがございます」

と書いている。何事も大局的な物の見方が必要だということだ。春嶽自身も斉彬の人間としての器の大きさには、心の底から感服していたようである。

事件ファイル⑤——将軍継嗣問題

安政四年（一八五七）十月～安政五（一八五八）六月二十五日にかけて続いた、江戸幕府第十三代将軍・家定の継嗣をめぐって一橋派と南紀派の間で争いが起こり、大老に就任した井伊直弼の独断で、南紀派の徳川慶福（家茂）が将軍の座についた事件。

一八五七年十月、松平慶永らが、次代将軍を徳川（一橋）慶喜にするように上申した。これにともない、慶永の命を受けた橋本左内、島津斉彬の命を受けた西郷隆盛らが京都を奔走。京都入りしていた堀田正睦の説得工作をした。

これに対して、井伊直弼の命を受けた長野主膳も京都で暗躍し、双方入り乱れての跡目争いが続いた。

四月二十三日、井伊直弼が大老に就任すると、南紀派有利に情勢は進み、六月二十五日、慶福の継嗣を決定した。

これにともなって、一橋派を推した、徳川斉昭、松平慶永、島津斉彬ら諸大名は、隠居謹慎を命じられ、安政の大獄が始まった。

〈一橋派〉

水戸、斉昭の第七子慶喜を推すグループ

阿部正弘、島津斉彬、松平慶永ら

↑　↑

西郷隆盛　橋本左内

↑

坂本龍馬

〈南紀派〉

紀州藩主、徳川慶福を推すグループ

井伊直弼

↑

松平伊賀守、久世大和守

水野土佐守、大奥

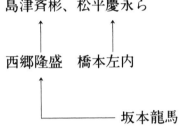

歴史の流れに利用された皇女

和宮親子内親王

和宮降嫁の理由

大老・井伊直弼の突然の死と、副将軍・徳川斉昭の死は、幕府の政治力を著しく低下させた。井伊のあとの幕府の責任者では、家柄からも、人物からもその器の人物はおらず、幕府が苦肉の策として考え出したのが朝廷との連携を強めることであった。このため利用されたのが、孝明天皇の妹・和宮親子内親王（この当時で十四歳）であった。この和宮を若輩（和宮と同じ十四歳）の将軍・家茂（慶福）に嫁がせようということである。

老中連署で和宮を将軍へ降嫁する要望書を出し

〈和宮年表〉

一八四六　仁孝天皇の皇女として生まれる
一八四七　孝明天皇即位
一八五一　有栖川熾仁親王と婚約
一八五八　日米修好通商条約無勅許調印
井伊直弼、関白・九条尚忠と和宮降嫁を画策
一八六〇　桜田門外の変起こる
老中・安藤信正を中心とする公武合体を唱える幕府から江戸降

たのは、井伊の死後一か月もたたないときであった。といっても、この案は井伊のもと、その腹心・長野主膳によって下工作がすすめられていた。可能性実現への手ごたえを感じとったころ、井伊が桜田門外で暗殺され、頓挫していたのだ。

当時、和宮には有栖川熾仁親王という許嫁があった。長野は、この件について慎重に破約の可能性を検討していたのだ。井伊であれば強引に押し切っていたのかもしれないが、幕府の閣僚にはもはやその力はなかった。結局降嫁が実現するまでに、その後二年の歳月を要することになる。

史上最大の婚礼

和宮が京都を出発したのは、婚約が成立してから一年二か月後の文久元年（一八六一）十月二十

嫁を再三要求される
一八六一　孝明天皇、和宮降嫁を承認
関東下向の途につく
一八六二　坂下門外の変起こる
第十四代将軍・家茂と婚礼を挙げる
一八六六　家茂の死後、落飾
孝明天皇崩御
一八六七　大政奉還
一八六八　徳川慶喜東帰後、徳川の家名存続を朝廷に嘆願
一八六九　仁孝天皇の御忌において帰落しそのまま京都に居を移す
一八七四　東京にもどり、以後晩年を麻布の用邸で暮らす
『静寛院宮御日記』を残す

日、江戸についたのが十一月十五日。

道中の道づくりや警護のために、尾張徳川、彦根井伊、姫路酒井、松代真田ら親藩、譜代を合わせて、三十数藩の人数を動員する。

また、江戸入城のさいには、岩倉具視ら朝廷側の人間八百人が参列した。日本の歴史始まって以来という大がかりな婚礼である。年はともに十七歳。婚礼期間はわずか四年五か月であった。

孝明天皇毒殺説の謎

孝明天皇は慶応二年（一八六六）十二月二十五日に崩御した。公表された記録によれば病死である。しかし、明治の当時から現在に至るまで、根強く毒殺説が流れている。

公式の記録が病死であるので、毒殺というのは、多分に推測の域を出ないが、その後の政情を鑑みるに、岩倉毒殺説が有力な見方となっている。長文連氏は、その著書『幕末・維新史の謎』のなかで、

「天皇は平生非常に丈夫で、めったに風邪もひかなかったと伝えられているが、その人が発病以来、わずか十二、三日で急死したということが、第一の疑問を生むのだ。

つぎに、天皇の在任中と、明治維新になってからでは、政情がガラリと急変したことである。一応、英明な資質を持っていたとされる孝明天皇時代は、幕府の権力が回復されようとし、封建体制を打破しようとする志士運動が、弾圧につぐ弾圧を受けて、かけがえのない、すぐれた先覚志士が、一千人ちかくもその生命を落としたのであった。それに反しまだ十四歳四か月で、一人前の判断は無理である明治新帝の世になると、急転直下、王政復古の大号令が出され、幕府征討が実行されたのである。しかも、孝明在任中は、幽居謹慎を命ぜられていた公卿随一の策士岩

人物ファイル②——孝明天皇
（一八三一〜一八六六）

一八四〇年、仁孝天皇の皇太子となる。一八四七年九月、即位。常に攘夷の立場をとる。一八五八年日米修好通商条約勅許の申請を拒否。幕府が無勅許条約調印に踏み切ったため譲位の意志を表明。

一八六〇年、公武合体策の一環として、妹・和宮の降嫁を承認。一八六三年、八・一八の政変（⇩95ページ）を断行させ、尊攘派を京都から追放。一八六六年、一橋慶喜の将軍就任を支持したが、十二月急死する。

現在まで多くの歴史学者の間でも、毒殺説が根強く残っている。

倉具視が、明治新帝になるとすぐ謹慎をとかれ、水を得た魚のようにおどり出て、王政維新に指導力を発揮したのである。したがって、孝明天皇の毒殺ということは、岩倉の演出であったというのが、多数の見方であり、筆者も岩倉であると断定するのである」と書いている。

確かに、孝明天皇時代と、明治新帝の時代を比べると、岩倉の立場は数段に良くなっている。孝明天皇崩御の影に、岩倉の名がチラつく。

また、同書のなかで、その協力者として大久保利通の名があがっている。

「孝明天皇暗殺の首謀者が岩倉であったとすると、中山忠能も加担していたのか、また薩藩の実力者大久保一蔵（のちの利通）が、公卿中の傑出者としての岩倉に目をつけ、その幽居とひそかに連絡をとっていた事実から、岩倉の相談に乗ったのではないか、ということも十分に考えられる」

と、共犯者としての大久保の可能性を語っている。

和宮替え玉説

作家の有吉佐和子氏の著書に『和宮様御留』という作品がある。この作品は大胆にも、

和宮の替え玉説をもとに書かれている。
有吉氏は、このころの時代にかなり造詣が深かったらしく、和宮降嫁問題について、いくつかの疑問点を投げかけている。そのなかで特に興味をひくのは、和宮替え玉説である。日本放送協会から出されている『歴史への招待』での有吉氏へのインタビュー記事を中心に追ってみると、まず、
「勝海舟の『氷川清話』の中に、和宮様が将軍家茂と天璋院と揃って御浜御殿にいらしたときの話が出てきます。宮様のお履物だけ、上の段にあって、将軍の草履が沓脱石の下にあった。それを見た宮様がピョンと飛び降りてご自分の草履と家茂の草履を置きかえたというものです。これを読んだとき、すごく変

だと思いました。侍女が大勢いるというのに、宮様がご自身でなさるはずがない。宮様育ちの方が、出来るはずがない。第一、宮様はおみ足が悪い。ピョンと飛び降りることなど出来るはずがない。まあ後になって、天璋院も宮様も、御浜御殿にいらしたことがないのがわかりまして、勝海舟の話がでたらめだったのがわかりましたが、きっかけはこの逸話でした」

と語っている。そして決定的なこととして、徳川家存続のための嘆願書が武家言葉で書かれていたことと、宮様の残された短歌のひ弱さのギャップをあげている。

また、

「昭和三十四年に芝の増上寺にある徳川家歴代将軍の墓が全部発掘されまして、そのとき和宮様のお墓も発掘されました。（中略）その結果、京都にいらしたころの和宮様は足がご不自由で、小さなころから孝明天皇の勅願で、お寺や神社に足が治るようにというおすそ患いご平癒祈願というものを何度もなされているんですね。病名は現代風にいえば関節炎で、この関節炎というのは、左が悪かったのか右が悪かったのか書いてありませんが、両足の場合もあります。いずれにせよかかった方の足に必ず負担がかかりますので、和宮様の遺骨が発掘された段階で両足に異常がない、それがはっきりしたときに、替え玉だったというのはやはり信用していいんじゃないか、信用せざるをえないですね」

と語って、その可能性の実証につとめている。

さて皆さんは、どちらを信じますか？

二章

開国・倒幕への道

文明の夜明け、幕末に散った志士

尊皇攘夷運動がますます高まっていた一八六三年（文久三）、長州藩は急進派の公卿・三条実美とはかって、将軍・家茂を上洛させ、強引に攘夷期日を五月十日と定めた。この攘夷期日がくると、長州藩は、下関海峡を通る外国船の砲撃を始めた。

また同年、イギリス艦隊が生麦事件の報復のために、鹿児島湾に侵入し、薩摩藩と交戦する事件（薩英戦争）が起きた。

尊攘派はさらに、倒幕を計画し、京都に結集したが、これに反対する公武合体派は、一八六三年八月十八日、会津藩、薩摩藩の兵力を後だてとして、尊攘派を京都から追放した（八月十八日の政変）。

このころ各地で尊攘派による反乱があいついだ。大和・五条の天誅組の乱、但馬の生野の乱、水戸藩士の天狗党の乱などである。

八・一八クーデターで京都から追放された尊攘派は、権力の巻き返しをはかって、一八六四年入京し薩摩、会津、桑名藩の藩兵と戦って敗走した（禁門の変）。

この事件をきっかけに、幕府は長州征討を計画し実行した。これとほぼ同じころ、イギリス、オランダ、フランス、アメリカの四か国連合艦隊が、長州藩の攘夷運動に打撃を与えるため、下関を砲撃した。長州藩は応戦したが、連合艦隊の圧倒的な軍事力の前に、講和を結んだ。これに呼応するように、長州藩内に保守派が台頭し、彼らは幕府に対しても謝罪恭順の意を示し、降伏した。

長州藩の尊攘派や、薩摩藩の内部では、外国の圧倒的な軍事力を知って、攘夷の無謀をさとり、外国との提携により藩の軍備の充実をはかったほうが得策であると考えるようになった。

こうして尊攘運動は、倒幕運動へとその方向を転換していった。

長州藩はいったんは降伏したが、**高杉晋作**ら革新派が台頭し、奇兵隊を組織するなど、武力によって藩の実権を保守派から奪還した。そして高杉は、木戸孝允、伊藤博文、井上馨らとともに、藩政の改革につとめた。

薩摩藩も、西郷隆盛、大久保利通らを中心にして、軍備の充実をはかり、次第に反幕へと転じていった。

一方幕府は、フランスと提携して、軍備を強化し、反幕派の中心的存在である長州藩に打撃をあたえようとしていた。孤立する長州藩の状況を見た、**坂本龍馬**、**中岡慎太郎**は、薩摩藩と長州藩の提携の必要性を感じ、両者を提携させるために奔走し、二人の仲介によって、西郷、木戸の会談を実現させた。一八六六年、この二人の努力が実り薩長同盟が成立した。その内容は、王政復古のため両藩が協力するという、事実上の軍事同盟であった。

幕府は、第二次長州征討を計画し、出兵するが、薩長同盟成立によって薩摩藩が出兵を拒否したため、幕府軍はいたるところで敗退した。

こうした揺れ動く時代のなかで、志士たちは自由奔放に歴史のなかをかけめぐり、ひとつの時代を生み出していく。しかし、中岡、坂本の暗殺に見られるように、多くの悲劇も生み出した。

幕末・動乱の時代は、多くの偉人と、多くの悲劇を生み出しながら、新しい時代の幕開けを待っていた。

「動乱の時代に散った悲しき天才児　坂本龍馬」

世界の海援隊

大政奉還のなった、ある日、龍馬が新政府の役職についての草案を持って、西郷のところへ行った。西郷はそれを受け取って見、うなずいてその席にいた大久保たちに見せた。その案には、西郷や大久保、木戸、後藤といった人々にそれぞれ役が当ててあったが、龍馬の名がない。

龍馬はというと、いつものように行儀悪く柱にもたれて腕など組んだりしている。

そこで西郷が龍馬に、

「この案には、あなたの名前がないのはなぜか」

〈坂本龍馬年表〉

一八三五　高知本丁筋に生まれる（11・15）

一八五三　高知を離れ、江戸で千葉（定吉）道場に入門
　ペリー浦賀に軍艦四隻を率いて来航

一八五八　北辰一刀流免許皆伝

一八六二　土佐藩脱藩
　このころ松平慶永を介し、勝海舟と知り合う

とたずねた。すると龍馬は、

「オレは役人はいやだ。時間を決められて動かねばならないなんて、たえられない。土佐がいかに小さい藩といえども、政治のできる人間はたくさんいるんだ」

と答えた。

「ならばどうするのだ」

と、西郷がたずねると龍馬は、

「左様さ、世界の海援隊でもやらんかな」と、うそぶいたという。

このやりとりを側で見ていた陸奥宗光はのちに、

「あのときほどあの大西郷が小さく、龍馬が大きく見えたことはなかった」

と述べている。

一八六四　このころ西郷隆盛と知り合う
一八六五　桂小五郎と会見
　　　　　亀山社中設立
一八六六　薩長同盟成立
　　　　　寺田屋騒動
　　　　　このころお竜と結婚
　　　　　高杉晋作と会談
　　　　　長州と土佐の復交に尽力
一八六七　後藤象二郎と会見
　　　　　脱藩罪免除
　　　　　海援隊結成、隊長に
　　　　　薩土盟約成立
　　　　　大政奉還
　　　　　刺客に暗殺される

先見の明、それともただの気まぐれ？

龍馬を尊敬していた同志の檜垣直治（維新後警視庁役人）はあるとき、龍馬に会った。そのときに檜垣が長刀を帯びていたので、龍馬は
「無用の長物だ、機敏に動くことができないではないか、これからは切るよりも突くだ」といって短刀を示した。

檜垣は大いに感じるところがあって、次に会ったときには短刀をたずさえていた。すると龍馬はふところから短銃《ピストル》を取り出していった。

「これが西洋の武器なのだ。これがあれば刀はいらない」と。

それからしばらくののち、三たび龍馬に会うと、今度はふところから洋書を取り出して、「これからは武力だけで生きていくことはできない、学問が必要なのだ、オレは今、『万国公法』を読んでいるが、たいへん面白いよ」

といったという。

この話はのちの創作といわれるが、龍馬の先見の明と、新しいもの好きという一面を伝えていておもしろい。

日本最初の船舶事故を引き起こした男

日本で最初の船舶衝突沈没事故を起こしたのは坂本龍馬である。

慶応三年（一八六七）四月、長崎港を出たいろは丸は瀬戸内海を航行中だった。いろは丸は伊予の大州《おおす》藩からチャーターした小型帆船であったが、このときが土佐海援隊の初航海だったのである。

この事故は出航四日目の深夜に起こった。春の瀬戸内海は波は静かだが濃い霧がたちこめていた。その霧の中から突如、大船があらわれた。この船は紀州藩の汽船明光丸。いろは丸の約五倍はあろうかという、まさに大船である。いろは丸は左へ回避行動をとったが、すでに遅く明光丸はいろは丸の右舷に衝突した。龍馬らはとっさに錨を投げつけ明光丸に乗り移った。そのとき、二回目の衝突が起こり、いろは丸は沈没してしまったのである。

明光丸で近くの鞆津《とものつ》にはいった龍馬はさっそく、交渉にはいった。いろは丸が沈没したことで、龍馬は被害者の立場にあったのだが、その非はどちらかというといろは丸側にあった。国際航法では今も昔も右側通行という原則がある。回避行動も右にとらなければならないのに、いろは丸は左に廻ってしまったのである。明光丸側にも見張りがいなかったなどの点もあり、交渉は行きづまり、舞台は長崎に移されることになった。

紀州藩は徳川御三家のひとつであり大藩である。一方、龍馬らは背後に土佐藩がついているとはいえ、浪人の集まりに過ぎない。まともに向かっては不利である。そこで龍馬は硬軟両面からせめることにした。

まず日本には船艦衝突の事例はいまだかつてなく、よってその法律もないから万国公法によって結着をつけるべきだとし、衝突現場にいた人が見た事実として

①明光丸に見張りはいなかった

②衝突は二回起こり、その二回目の衝突で右舷にぶつかった、

この二点を紀州側に認めさせようとする。

一方で龍馬は長崎丸山の花柳界にこのような唄をはやらせた。

「船をしずめたつぐないは

　金を首で取るのがよござんしょ」

つまりはPRソングである。この唄はさらにエスカレートし「金を取らずに国を取る」「国を取って蜜柑を喰ふ」と紀州みかんを食べながら海援隊士は気勢をあげた。時

機は大政奉還の数か月前である。

おりしも長州がこの事件を口実に紀州藩と戦うという噂まであった。紀州藩は動揺し、土佐の後藤象二郎が登場し、長崎入港中のイギリス海軍提督に万国の事情を尋ね、それによって裁判の決着をつけてはどうかと提案されるに及んで、状況を不利と見て、金で解決するよう調停に同意したのである。

龍馬の勝ちであった。この見事な交渉術で龍馬は紀州藩より八万三千両を支払うという約束を取りつけたのである。ちなみに、いろは丸の持ち主であった大州藩に払ったのはこのうち四万二千五百両で、約半分、この後、この金で大州藩が買ったオランダ帆船は、一隻二千六百両であったというから、八万三千両というのがいかに巨額であったかというのがわかる。実際、後藤象二郎は、賠償金で、こんなに多く頂戴できるものかと驚いたという。

しかしながら、この金が実際いったいいくら支払われ、どのように使われたかはわかっていない。幕末の謎のひとつである。

龍馬・剣の腕前

坂本龍馬は、ほんとうに強かったのだろうか。安政四年（一八五七）十月、江戸の土佐藩邸において武術大会が行われ、桂小五郎をはじめとして当時の名だたる剣豪が腕を競った。これに龍馬も出場し、今武蔵といわれた島田駒之助に勝っているのだ。

しかし、このときの勝敗を記録した勝負表は後年の偽作といわれ、その真偽のほどは確かではない。そうなると問題になるのが、龍馬の援かった免許皆伝である。

龍馬は十九歳のとき、父の勧めで江戸の千葉定吉の京橋桶町道場に入門した。その後約四年間修業をつづけ、安政五年一月に、「北辰一刀流長刀兵法」を援けられる。ところがこの「長刀兵法目録」には、免許皆伝者として定吉の長男重太郎と佐那をはじめとする三人の娘の名が記されているのである。

重太郎はともかくとして、娘たちは長女の佐那でさえまだ十六歳なのである。まして佐那はこのころ龍馬の許婚《いいなづけ》であったという説もあり、この免許の内容については問題がありそうである。

実際に今に伝わる龍馬の逸話を見ても、強さを裏づけるものは少ない。文久二年（一八六二）正月、長州に旅した龍馬は、長州藩の青年剣士に試合を求められた。いったんは断わったのだがやむをえず立ち合うことになって、負けてしまったのである。

長州藩士が「なぜ本気を出さないのか」とたずねると彼は「いや自分が弱いから負けただけだよ」と答えたという。

また、慶応二年（一八六六）一月、寺田屋で幕吏に襲われたときも、龍馬は剣ではなく高杉晋作から贈られたピストルで応戦し、幕吏に斬りつけられ手に負傷を負っている。そして慶応三年（一八六七）十一月十五日、京都見廻組に暗殺されたとき、このときも龍馬は乗り込んできた刺客の気配に気づかず刃を抜く前にやられているのだ。

しかしながらこれらの話は龍馬の魅力をそこなうものではない。彼の本当の実力は、剣の腕前や戦いのなかにあるのでなく、維新の動乱のなかでの政治的企画力、また海援隊に代表される未来を見つめた経営力のなかで発揮されているのである。

雨降りだからこそ泳ぐ？

坂本龍馬の少年時代は、いわゆる〝おちこぼれ〟だったといわれている。これはのちの龍馬の活躍と対比させるため、大器晩成の人物であるということを強調するための逸話であるともいわれるが、それにしてもこの変化は劇的ですらある。

龍馬は、おとなしくて、十歳をすぎても寝小便の癖がなおらず、はなもたれっぱなし。十二歳のときに、高知城下の私塾にはいったのだが、勉強もできずに友達からいじめられて、泣いて家に帰ったりした。いじめられっ子である。あげくに、この私塾も、この子には教えようがないというとんでもない理由で通学をことわられてしまう。

しかし、十四歳のとき、近くの日根野道場に通い剣法を学び出してから、徐々に変わっていく。夏のある日、鏡川に水練のために出かけた龍馬は師の日根野に出会った。その日は雨降りだったのである。日根野が雨が降っているのに泳ぐのかと聞くと、「それはそうですが、川にはいれば濡れるのですし、結局は同じことだと思います」と答えたという。

普通に考えると、晴れているから泳ぐのだということになる。そんないわゆる固定観念をいとも簡単に飛び越えてしまう、その後の龍馬の行動の萌芽を感じさせるエピソードである。

龍馬をとりこにしたお竜の魅力は?

慶応二年（一八六六）三月、龍馬は鹿児島にはいった。一月に寺田屋で受けた傷の養生をするため、西郷隆盛にすすめられたのだが、実はお竜との新婚旅行だったのである。それまでも二人は内縁関係だったのであるが、寺田屋の遭難においてお竜の機転で、難をのがれ、傷を負った龍馬を必死に世話をしてくれたお竜のために、京の薩摩邸で西郷隆盛、小松帯刀が立合い、中岡慎太郎が仲人となって結婚したのであった。

二人は鹿児島から、日当山《ひなた》、塩浸《しおひたし》温泉、霧島温泉とめぐりながら、魚を釣ったり、ピストルで鳥をうったりして遊びめぐった。高千穂の山では、「天孫降臨」にちなむ「天の逆鉾」を見てお竜が抜き取ってみたいといい出した。いたずらをすると天変地異が起こるといわれているこの逆鉾をふたりして引き抜いて、なにも起こらないじゃないか、と笑いあったりした。

まことに無邪気な旅であるが、一人で旅をするのもままならなかった江戸時代に、いくら幕末で西郷の誘いがあったにせよ、女連れの旅行というのは、容易ではなかったと思われるが、それをやってのけてしまうのはいかにも龍馬らしい。

あまりにも有名な龍馬の写真♡
こん時手にケガしてて ふところ手してた そーです

そんな龍馬の妻になったお竜というのはどういう女性か。父は楢崎将作といい、町医者だったのだが、安政の大獄で捕らえられ獄死してしまった。その後、家がまずしくなり伏見の寺田屋の養女になった。そこで龍馬と知り合ったのである。

お竜の気性を伝えるエピソードがある。お竜には二人の妹がおり、上の妹は美人であったので、だまされて大坂の女郎に売られてしまった。これを助けるためお竜は死ぬ覚悟で単身その売った男を訪ねて行き、（その男の胸ぐらをつかみ、顔をなぐりつけ、）殺すなら殺せ、といってどなりこんで、とうとう妹を連れもどしてしまったという。

なんとも無鉄砲というか、度胸満点という

かすごい行動力である。また、寺田屋で龍馬が襲われたときも、たまたま入浴中にそれに気づいて、裸のまま龍馬に危急を伝えたという。

龍馬は乙女姉にあてた手紙のなかでお竜について「まことにおもしろき女にて」と書いているが、その行動力は龍馬を引きつけてやまなかったのであろう。

龍馬暗殺！

場所は京都近江屋の二階の八畳間。ここで中岡慎太郎と新政府について語り合っていた。そのときである。階下でなにやら騒がしい声がする。「ホタエナヤ（うるさいぞ）」と龍馬がいった直後、ふすまがガラッと開いて、二人の刺客が襲ってきた。

一人が刀を龍馬の額に向けて振り降ろす。もう一人が、中岡の後頭部に斬りつける。

龍馬は床の間の刀を取ろうとするが、二の太刀、三の太刀が龍馬を襲う。

中岡にとどめをさそうとしている同志をもう一人が引き止めて二人は部屋から逃げ去った。龍馬は瀕死の状態でとなりの部屋まで行き、絶命した。

享年三十三歳、短い一生であった。

「龍馬とともに幕末を駆け抜けた男　中岡慎太郎」

誠実で実直な人柄

　幕末に、倒幕を目指し薩長同盟を成立させるために奔走し、坂本龍馬を陽とするならばその陰の部分をささえた中岡慎太郎。
　彼は、天保九年（一八三八）四月、土佐の大庄屋中岡小伝次の長男として生まれた。同郷の龍馬や武市瑞山が郷士出であるのに対し、武士ではない庄屋の家に生まれたことは、のちの彼の行動に大きく影響している。長じてからは江戸に遊学した間崎槍浪に師事し、また武市瑞山の道場にもかよった。

〈中岡慎太郎年表〉

一八三八　土佐藩の大庄屋の子息として生まれる
一八六一　瑞山の勤王党の盟約に加わる
一八六二　五十人組結成
山内容堂の命で江戸へ。水戸で久坂玄瑞と遊ぶ
信州松代に佐久間象山を訪問
一八六三　八・一八の政変起こる
武市瑞山らが投獄される

こうして彼はしだいに、自らなすべきことというのをつかんでいった。それはまた、中岡慎太郎の人間的誠実さでもあるのだが、そのことは庄屋見習いでもあったときに起こった飢饉のときのエピソードが語っている。

万延元年（一八六〇）のころ土佐に飢饉があり、住民たちは飢えに苦しんでいた。慎太郎は食糧確保に奔走し、薩摩いも五百貫を買い入れ、食料にあてたのだが、それでもまだ間にあわない。もう、官食の備蓄米を使うしかない。しかし備蓄米はそう簡単に使えるものではない。そこで彼は高知に出、役家老の宅を訪問した。取次役人は「明日きなさい」といって取り次いでくれなかった。慎太郎は一日を争うことなのだと主張して、そのまま門前で夜をあかした。次の朝、家老が門のところ

一八六四　脱藩して長州へ
　　　　　高杉、久坂と島津久光暗殺を計画
　　　　　来島又兵衛の遊撃隊に加わり、禁門の変で負傷
　　　　　四国連合艦隊馬関砲撃
一八六五　西郷と会談
　　　　　坂本と西郷を説得
一八六六　西郷・木戸の会談に成功し、薩長同盟成立
一八六七　陸援隊を組織し隊長に
　　　　　近江屋で坂本とともに暗殺される

に見知らぬ者が端座しているのに驚き声をかけた。訳をきいた家老は、その必死の陳情に倉を開けることを許した。

　この話を聞いた村民たちは、深くその行為に感謝して、明治四十五年に記念碑を建てたという。

板垣と中岡、不思議な因縁

　土佐藩の山内容堂とその側役板垣退助は不思議な関係にあった。というのは山内容堂は、表向きは尊皇攘夷をあらわにしているが、その胸の内は公武合体派であった。一方、板垣退助は、心では尊皇攘夷をつらぬいているが、山内の側近として、また土佐勤王党の傍若無人さゆえ反感を持ち、主君の意見にくみしている。という、実に本音と建前のからみあう複雑な関係だったのである。それ故、板垣は土佐勤王党のうらみをかい、命をねらわれることもたびたびであった。

　そのような状況のなか、京において八・一八の政変（⇩95ページ）が起こる。山内容堂はここぞとばかり尊皇派の追い落としにかかったのである。そのあまりの厳しさに板垣は役をやめて引っ込んでしまった。

中岡慎太郎が板垣のもとにおもむいたのはちょうどこのころであった。前々より熱心な勤王派であるという話を耳にしていた中岡はこのとき、その板垣の真意をたずねるべく訪問したのであった。

しかしながら、中岡は自分の命をねらった土佐勤王党の同志である。おいそれと心の内を見せるわけにはいかない。ここはひとつのけじめが必要なところである。そこで、

「近頃は、上士と郷士の間のあつれきにはすさまじいものがある。そんななかでおぬしがわざわざ余をたずねるとはおかしなものだ。伝え聞いたところでは、そなたたちは京都で余を斬ろうとしたというのではないか。これはどうだ」

と中岡につめよった。さすがの中岡も返答に窮していると、

「どうした、中岡ほどの男がうじうじと、中岡慎太郎は男ではござらぬのか」

とさらに声をつづける。中岡は、

「ご無礼をいたしました。たしかにお言葉通り斬ろうとしたことがあります」

と答えたという。そして初めて立場を同じくして、これからの国事について語り合い、協力していくことになる。

そして慶応二年（一八六七）五月、幕府が第二次長州征討に失敗し倒幕の機運が高ま

っていた。しかし土佐藩・山内容堂には公武合体に固執する気持ちがあり、ゆれ動いていた。

そこで中岡は板垣と密会しその方策を話し合った。

「こうなったら、容堂公を説得しその御前で切腹しかあるまい」

という。今度は中岡がつめよる番である。

「諫死で結構、しかしここで命をおとしてこれからの国の行方はどうするおつもりですか。あなたがそのような短絡的な方だとは思わなかった、私の見識不足です」

といいはなった。これを聞いて板垣は黙ってうなずき、倒幕挙兵することをちかった。

そこで中岡は薩摩の西郷隆盛と連絡を取り板垣ともども面会した。その場で倒幕挙兵することを板垣が口にすると、かたわらの中岡が、

「もし、裏切るようなことがあれば、板垣は割腹して諸先生がたにおわび申すであろう」と後押しをした。このやりとりを聞いて西郷は「愉快愉快」とひざをうって笑ったという。こうして薩土同盟がなり、やはり中岡が深くかかわっていたのである。

常に機転をきかせて

　文久三年（一八六三）、俗に八・一八クーデターと呼ばれる政変で、形勢は公武合体派有利に動いていた。表面的には尊攘をうたっていた土佐藩主山内容堂は、これを期に尊攘派弾圧に乗り出す。先年尊攘派により腹心の吉田東洋を暗殺されていたこともあり弾圧は強硬なものであった。標的となったのは武市瑞山率いる土佐勤王党である。

　この同志であった中岡はついに土佐を脱藩し長州に入った。そして長州が巻き返しをはかった禁門の変にも加わるのである。

　この戦いで、中岡は来島又衛門の遊撃隊

に属して戦ったのだが、最中に足にけがをしてしまった。彼は味方をはなれ、たくみに敵味方入り交じる戦火のなかをくぐりぬけて、近くの知り合いの家の戸をたたいた。

「戦争見物していたところ、とばっちりを受けてけがをしてしまった。しばらく休ませてもらいたい」

そのままあがりこんで傷の手当てをしてもらい、戦いの状況をじっくりと観察していったという。すばやい機転である。

このときに、敵方の指揮官である西郷に面会して真実をただしたとも、その戦い方を見て薩摩に長州討伐の意識がないとわかったともいわれるが、ここから薩長同盟への糸口を見つけ出し力を傾けはじめるのである。

中岡を心底頼りにしていた岩倉具視

中岡慎太郎が蟄居中の岩倉具視をたずねたのは、慶応三年四月二十一日のことである。それより前、京都に滞在中に岩倉の信任あつい大橋慎三より、岩倉の王政復古の志をつげられ、強く意見することを勧められた。

しかし、このころの岩倉は、和宮降嫁の実績から佐幕派とみられ、尊攘派からねらわれるほどだった。中岡も耳をかさなかったが、大橋の熱心な説得に心が動き、太宰府にもどったおり、三条実美に対し岩倉との提携を進言した。三条も疑問はもっていたが、ようやく協力しよう、という意味の手紙を書き中岡に託したという。

岩倉に面会した中岡は、その論説と人柄に感心し、「公卿のなかにもこんな大人物がいるのか」と感嘆し、坂本龍馬を連れて再び会談するほどであった。

岩倉も、この中岡と坂本をずいぶんとたよりにしたらしく、維新後「三条公と提携し、西郷や木戸、広沢、黒田などと知り合うようになったのも二人のおかげである」と書いている。

また、中岡が暗殺され、その報に接すると、「私は片腕をもがれた」と泣いたという。その後大久保利通にあてた手紙にも「この恨み必ず報ぜざるべからず」と記すほど、岩倉は中岡を信頼していたのである。

海援隊のむこうを張った陸援隊とは?

坂本龍馬の海援隊とともに土佐藩の一翼をになった陸援隊であるが、中岡慎太郎がその隊長の位置にいたのは、わずか四か月たらずにすぎない。

倒幕の機運が高まっていた慶応三年七月、それとともにきびしくなっていた新撰組や見廻組の検索をのがれるため、中岡は浪士たちを一か所に集め集団を作ることにした。そうしてその安全を図るとともに、統制をし団結させて薩長の倒幕開始とともに、兵を挙げる準備をしたのである。拠点は土佐藩の別邸で洛東の白川にある藩邸を使うことになった。この家屋はかなり広く長屋の八畳を一人で使うほどであった。食事は炊き出しで飯とおしんこだけは出るが、おかずは自分でなんとかしなければならなかったらしい。また、夜は遊郭などへも出かけるのだが、戦さになれば明日にでも死ぬ身だというので、勘定などは払われない。料理屋などではその勘定をしょいこんでずいぶん苦労した店もあったという。

とにかくそんな状態ではあったが、中岡の目指す武力倒幕の戦力は、いちおうそろったのだった。中岡がこの白川藩邸にはいったのは七月二十九日、そして隊長に就任した。中岡が暗殺されたのは、同年十一月十五日のことであった。

薩長盟約のウラのウラ

文久三年（一八六三）十月、中岡慎太郎は土佐藩を脱藩した。これより前、中岡は八・一八クーデターで都を追われた七卿（三条実美、沢宣嘉ら急進派、尊攘派公卿七人）らに会うため、防州三田尻まで出て、三条実美に謁見した。その後いったん帰国したが高知城下では「土佐勤王党」に対する弾圧が始まっており、すでに武市瑞山をはじめとする有志らは投獄されていて、中岡にも補縛の命が出ていたため脱藩を決意したのだった。

その後中岡は、再び三田尻にとって帰り招賢閣に迎えられた。招賢閣はお茶屋であるが、そのころ京都から下った尊攘派の拠点となっていたのだった。中岡はここで多くの長州藩士と知り合い、彼の行動の中心は長州藩となっていくのである。また、前述の七卿（最初は七卿であったが、一人は行方不明になりまた一人は病死し五卿になっていた）との関わりも強くなっていった。

中岡は、京都の情勢探索のため、京の長州藩邸に身をひそめ、情報の収集にかけまわった。その間、諸国の有志とも多く会談し、その状況を三田尻に報告するため長州藩にもどっている間に池田屋事件（⇩136ページ）が起こった。これをきっかけに長州藩は、禁門の変（⇩97ページ）を起こすが、中岡は来島又兵衛の遊撃隊とともにこれに参加して負傷し、その戦況をつぶさに観察するところとなった。このときに、薩摩藩の真意を察し薩長和解の糸口をつかんだともいわれている。

禁門の変において長州藩が敗れたことによって、状況はいっそうきびしいものになっていた。中岡は傷もいえた元治元年八月、再び京都に潜入し情勢をさぐるが、形勢はまったく不利であった。

このとき、長州追討の任にあたっていたのは、西郷隆盛である。西郷は長州藩の降伏

事件ファイル⑥――八・一八の政変

文久三年（一八六三）八月一八日、会津、薩摩を中心とする公武合体派が、長州藩を中心とする尊皇攘夷派を京都から追放したクーデター。

長州藩を初めとする尊皇攘夷派の急進派志士が朝廷を動かして倒幕計画を進めたので、公武合体派の薩摩藩らが、京都守護職・松平容保らと画策して、長州藩の宮門警備を解任し、三条実美、沢宣嘉、四条隆謌ら急進派公卿を処罰、三条らは長州藩兵とともに西走した（七卿落ち）。

以後、公武合体派が京都を支配し尊攘倒幕運動は一時挫折した。この事件は、天誅組の乱、生野の変、禁門の変などを引き起こしたが、いずれも鎮圧された。

条件をできるだけ寛大にすませようとし、「長人をもって長人を制する」ことをその旨とした。その結果、藩内の主導権をにぎった俗論党は禁門の変を起こした責任者を処刑し、藩主の謹慎、山口城の破却など、ほとんどの降伏条件を実行し「謝罪恭順」の姿勢を示した。残る条件は五卿の引き渡しである。一連の長州藩に対する処罰から、西郷の真意は理解できたが、念のため中岡は西郷に面会したいと希望し、小倉でそれを果たした。この会談で中岡は西郷の人柄に感服し、また薩摩藩の情勢も変わりつつあることを知った。そして中岡は、西郷に対し五卿引き渡しについても長州藩を説得することを強く約束した。

この五卿引き渡しのときに、中岡はよく奔走したが、一つエピソードがある。五卿は筑前藩にうつされることになり、そのため筑前から早川養敬らが馬関にきていたが、長州諸隊のなかには、まだこの引き渡しを不服としてなんとか阻止しようとする者もいた。引き渡しが間近にせまった慶応元年正月、早川の泊まっている旅館に中岡がきて、遊郭へ遊びにいこうという。ふだん身なりにもかまわず、女遊びなどしない中岡がそんなことをいうのをあやしんで早川が問うと、遊撃隊が早川を斬りにくるという。それで連れ立って出かけ、料理屋の二階で酒を飲んだ。しかし、いつ見つかるかわからない。暁までまんじりともせずにすごしたが、明け方近くドンドンと料理屋の戸をたたく音がした。
「さては遊撃隊がやってきたに相違ない。どうしてくれよう」
とっさに刀を抜いて待ち受けた。部屋のなかで長刀は不便だったので短刀だった。それで待ちかまえていたのだが、上がってきたのは早川を探しにきた筑前藩の者だったので、笑い話ですんだという。

事件ファイル⑦――禁門の変

八・一八の政変（⇩95ページ）、池田屋事件（⇩136ページ）で失墜した勢力の回復をねらって、長州藩が企てた武力クーデター。

八・一八の政変で敗走し長州にもどっていた藩兵は、一八六四年六月、池田屋で尊皇攘夷派の志士多数が殺害されたとの報に接し、出兵を決意。同年七月十九日出兵し、伏見、蛤御門、堺町御門で、会津、薩摩、桑名の諸藩と交戦。長州藩は破れ、戦いは一日で終わった。

この戦いで京都は大火となり（京都市中の家屋約三万戸が焼失）、長州藩は朝敵とされて、長州征討のきっかけとなった。しかし、かえってこのことは長州藩内部での、倒幕機運を高めることになった。

とにかく正月十四日、五卿は筑前にうつることになり、中岡もこれに従った。二月五日中岡は土方楠左衛門と、薩摩から警護にきていた吉井友実とともに京都へ向かった。再び京都で情勢を探索するためである。途中、下関の豪商で尊攘派の出資者でもある白石正一郎の家で薩摩藩士吉井友実を主賓として長州藩士と懇談した。これで薩長和解の端緒をつかんだわけである。京都では薩摩藩邸に滞在し有志らとともに形勢をさぐったが、幕府は長州征伐に気を強くしますますその力を誇示しようとしていた。中岡は三月二日には太宰府にもどり、三条実美に京の情勢を報告した。その後四月三十日には、長く潜伏中であった桂小五郎と下関で会った。そのころには、高杉らの活躍により、俗論派は一掃され幕府に対抗すべく正義派が奮起していた。その上でこの桂との会談は、薩長和解に向けて大きなステップになったと思われる。

そして五月に京都の薩摩藩邸にはいると、幕府の出した「長州再征」令をめぐって大騒ぎになっていた。薩摩藩はこれに強く反対し西郷隆盛はそれを藩主にとくため帰国していた。これを機会に中岡と土方楠左衛門は、薩長両藩の和解を画策し、西郷上京のおり下関で桂小五郎との会談の場を作ることを提案し、薩摩藩の人々の賛成を得た。そこで中岡が鹿児島におもむいて西郷を説き、土方は下関で桂を説得することになった。閏五月五日、土方楠左衛門が下関にはいるとそこには坂本龍馬がいた。坂本は、西郷とともに鹿児島に行きそこで薩長和解の必要性を痛感し太宰府で三条卿に会ったあとここで桂小五郎と会談することになっていた。そこで土方楠左衛門が中岡と画策する薩長和解の案をつげると、大いに賛成し協力することを約束した。そこで二人で桂を説得し後を坂本に託し土方は太宰府に帰った。

一方、中岡は閏五月六日に鹿児島に着き上京する西郷とともに十六日に出航した。中岡はこの間、下関での桂との会談を熱心に説いたのだが西郷は京都の政情が気になるとしてついに承諾しなかった。しかたなく中岡は十八日豊後佐賀の関で船を降り、一人下関に向かった。坂本とともに首を長くして西郷を待っていた桂は、この結果にずいぶん腹をたてたという。中岡と坂本は将来にわたってこの同盟を成立させることを誓い桂をなだめた。

この後、中岡は坂本とともに西郷を説くため上京する。そして薩長同盟のため尽力しつつ、のち陸援隊の中心となる田中顕助、大橋慎三らとの交流を深めていった。

そして七月には桂小五郎のため奔走し、その後再び上京と精力的に動き回っている。この間にも薩長のため様々な努力をしていたと思われる。薩長の盟約への機運は中岡、坂本らの活躍で順調に進んでいた。しかし、中岡は五卿の応接係を命じられ、あまり自由がきかなくなっていた。十二月には、当然同行すべき薩摩との話し合いに向かった桂の一行を下関に見送るだけで太宰府にもどっている。そして最後の詰めは坂本龍馬の行うところとなる。


　中岡はその情熱と誠実さで、この大事の陰の部分をささえていたといっていいだろう。筑前藩の早川養敬はのちに、

「薩長和解は、坂本龍馬が仕遂げたというも過言ではないが、私は内実の功労は中岡慎太郎が多いと思う」

「長州における坂本と中岡の尽力を見るに、はでなことは坂本に属するが、中岡はどうかというに、この人ほど苦心した人はないと思う」

と語っている。

人物ファイル③
――武市瑞山（一八二九～一八六五）

　幕末期に活躍した志士。土佐藩の郷士。名は半平太。早くから尊皇攘夷運動で活躍し、土佐勤王党の首領となる。藩主・山内容堂の側近だった吉田東洋ら藩首脳部の佐幕開国論に対抗、一八六二年、同志に東洋を暗殺させて、一時藩の大勢を尊皇攘夷に導いたが、八・一八の政変（⇩95ページ）後、佐幕派によって投獄され、切腹を命じられた。中岡慎太郎も一時この党に入党していたことがある。

意地と度胸の長州男児

高杉晋作

子どものころから頑固だった？

萩藩の二百石取りの藩士・高杉小忠太の長男として生を受けた晋作は、あととりとして非常にかわいがられた。ひとりっ子で、おばあちゃん子でもあった晋作は、甘えん坊でわがままだった。

五、六歳のころ、正月に凧あげをしていた晋作少年の凧を、年賀にきた武士が踏んづけて破ってしまった。子どもが相手とみたその武士はそのまま行こうとしたのだが、怒った晋作は、雪どけの泥をつかんで、あやまらなければ紋付きを汚すと叫んだ。

〈高杉晋作年表〉

一八三九　長州藩士高杉小忠太の長子として生まれる
一八五七　松下村塾に入門
一八五八　昌平黌《こう》進学を命じられ江戸へ　安政の大獄で捕らえられていた吉田松陰の世話をする
一八六二　御楯組結成。品川御殿山のイギリス公使館焼き討ち
一八六三　米・仏艦隊の馬関砲撃に際し、

藩主から拝領した紋付きを着ていた武士は、その剣幕に物かげで詫びたという。これなどはわがままというより、がんこで攻撃的である。

また、萩の武士の子どもは度胸試しのため、罪人の処刑を見学させられることがあった。他の子どもたちとそれを見学に行った晋作は、気味悪がって逃げる子どもたちを尻目に、母の作った弁当を食べながら平然と見物し、帰ってはその様子をくわしく報告した、という。

これらの話は、事実としては疑わしく創作らしいのだが、いかにも高杉晋作らしいエピソードだ。

	奇兵隊を結成
一八六四	脱藩の罪により、野山獄へ
	四国連合艦隊馬関砲撃に際し、
	藩の正使として講和を結ぶ
	馬関にて挙兵
一八六五	藩の実権を握る
一八六六	海軍総督に。幕長戦争
一八六七	馬関において病没

子供のころのアダ名は〝あずき餅〟

少年時代の高杉晋作のあだ名は〝あずき餅〟であった。これは十歳のときにかかった天然痘のため顔にアバタが残ったからなのだが、もともとあまり体格のよくない小柄な高杉にとってもう一つのコンプレックスだった。そう呼ばれることに屈辱を感じていた。そしてそれをはね返すため、高杉は剣の道にのめり込んでいく。

もちろん剣術ばかりをやっていたのではない。十四歳までは吉松淳蔵の私塾で学び、その後は藩校である明倫館に入学した。そこでは、久坂玄瑞なども学んでいたのだが高杉は剣術にはげむばかりで学問のほうはあまりしなかったようだ。まず剣で誰よりも強くなること、それが第一の目標だった。そして十九歳のとき、柳生流の免許皆伝を得る。このころまで高杉は、久坂玄瑞がその手紙のなかで書くように、まさに「武人」であった。

そんな高杉の大きな転機は、吉田松陰との出会いであった。久坂に連れられて行った松下村塾（⇩24ページ）の雰囲気は高杉をびっくりさせた。そのころやっと少し真剣に学問に取り組み始めていた高杉は、明倫館の保守的な校風に失望していた。比較的身分の高い士の子弟しかおらず、封建的な身分制があり、学問の内容も教育的な訓話が多かったのだ。それに比べると松下村塾は身分に関係なく学びたい者が集まり、平等な立場で師とともに勉強している。そしてなによりも高杉は吉田松陰にひかれていく。

こうして高杉は松下村塾で別人のように学問に打ち込んでいった。それまでの彼の行動を知るものにとっては見違えるほどであった。

吉田松陰は、はじめ高杉を評して、

「彼は有識の士だが、学問が未熟で、きわめてわがままで自分の考えにこだわりすぎているところがある」

といっている。「有識の士」というのは、知識・学問とかではなく物事を判断する直感力とか洞察力といった意味だが、松陰はその性質をただそうとするよりも、その才能をよりのばそうとする。そして高杉の負けず嫌いの性格を刺激するように、目の前で久坂をほめたりするのだ。そうして性格の違う二人を競い合わせることによって、二人とも成長させようとした。松陰の期待通り高杉と久坂は互いに競ってははげんでいたのである。

「短期間のうちに、高杉の学力はすさまじく向上し、議論はますますうまくなったので同士たちは彼を見直している。私も何かを決めねばならないときは、よく彼に意見を求めるようになった」

と松陰がいうほど、高杉は成長した。そして久坂とともに〝松門の双璧〟とまでいわれるようになった。

吉田稔麿の高杉評は〝鼻輪のない離れ牛〟

高杉のいささかわがままな性格は松下村塾の塾生にもおそれられていたようで、同じころ松下村塾に学んだ渡辺蒿蔵は、

「久坂と高杉の差は、久坂にはだれでもついていきたいが、高杉にはどうにもならぬとみながいうほどに、高杉の乱暴なりやすきには人望少なく、久坂の方人望多し」

と語っている。また、山県有朋が後年語った話として、

「其絵は一番初めに鼻輪を通さぬ離れ牛をかき、其次は坊主頭で裃を着ている人がある。其次には木剣があり、又其次には棒がある。それで吾輩が此絵はどういう意味かと尋ねると稔麿の答に、この離れ牛は高杉晋作である。これは中々駕御できない人である。坊主頭で裃を着ている人は久坂玄瑞だ。これは廟堂に坐らせておくと堂々たる政治家である。其次の木剣は入江九一である。入江は偉いが、まだ本当の刀ではない、木剣位である。それから次の棒は誰かと聞くと、此棒はお前であると答えた。実に馬鹿にしたものだ」（中原邦平『東行先生略伝』）

というのがある。山県がただの棒というのもおかしいが、鼻輪のない離れ牛が高杉とい

うのも、その立場を示しておもしろい話である。

高杉と松陰の深い絆

高杉晋作は、安政五年（一八五八）七月江戸へ出た。松下村塾の久坂玄瑞、入江九一、吉田稔麿などはすでに江戸へ発っていた。そしておくればせながら高杉もやっと江戸行きを許され昌平黌へ入ることになった。そこで〝文学修行〟にはげみながら、桂小五郎や久坂らとともに時勢を論じたりしていた。

そうして高杉が修行に打ち込んでいる間にも時代はどんどん動いていた。安政の大獄（⇩43ページ）が始まったのである。大老・井伊直弼の意を受けて、京都では間部詮勝が尊攘派の弾圧を始めていた。そうなると高杉の心にも葛藤が起こる。議論しているだけでは何も変わらない。

「正亮・玄瑞・桂などよく集まり、もとより愉快の至り、それにて何事も仕らず、ただ空論に日を送り候段、はなはだ赤面の至り候」

とそのときの心境を松陰に書き送っている。そして、また、

「皆に集会仕り、議論粉々、甚だ不愉快」

とも書く。とにかく机上の空論ばかりではどうにもならないではないか。高杉はいかりともあせりともつかない心をもてあましている。

　そんな高杉のもとへ、追いうちをかけるように松陰から重大な手紙が届いた。間部詮勝暗殺に協力せよ、というものであった。これにはさすがの高杉も驚いてしまった。松陰はまた、藩に対してもこの計画を打ち明け武器の供与を要求している。長州藩にしてもこの松陰の行動を持て余し、門下生である久坂や高杉に対し、なんとか計画を中止するように説得してくれといってきた。そこで久坂らは松陰に対し、今はその時期ではないことを書いた手紙を連名で書き送った。その手紙に対する返答はきびしいものであった。

「僕は忠義をなす積り、諸友は功業をなす積り」

　忠義というのは、いわば無償の行為、見返りのない行為であり、功業は名誉や金銭を得ることを期待するものだ。高杉は苦悩した。間部暗殺計画はだれが見ても無謀である。しかし、師・吉田松陰にこれほどまでにののしられたことは、高杉にとって衝撃であった。そのあと松陰にあてた手紙の返事は、怒りの言葉を書いたものばかりであった。高杉は師から突き放されたことや自分の無力さを痛感しどうすることもできず、吉原や品

川あたりを遊び歩き苦しさをまぎらわそうとした。しだいに生活は荒れ、乱暴なふるまいも目立つようになった。

あるとき、酔っぱらって歩いているとき、脇を走り抜けようとする野犬を、一瞬のうちに斬って捨てた、ということがあった。走っている犬を斬ることは、人間を斬るよりも格段にむずかしいことだ、といわれる。それを見ていた人は高杉の手練に驚いたという。そんなことが、うわさになり一時評判になって松陰の耳にも届いた。それに対する松陰の言葉もまたきびしいものだった。

「平時の喋々は事に臨んで必ず唖、平時の炎々は事に臨んで必ず滅す」

日ごろ大きなことをいったり、大げさなこ

とをやってみせるやつは、いざというときには必ずだめなものだというのだ。

松陰は自分を支持してくれない、かつての門下生にいらだっていたのだろう。しかし時がたつにつれ落ち着きを取りもどす。高杉もまた、そんな師の心がわかっていた。また師のいうことにさからっている自責の念もあったのだろう、在郷の友人に師の世話をたのんだりしている。

やがて吉田松陰は、野山獄から江戸にうつされることになった。高杉は獄中の松陰に対してなにくれとなく世話をした。書物を差し入れ、牢名主に送る金子を用立てたりもした。それまでの罪ほろぼしという気持ちもあったのだろう。しかし、こういった高杉の、政治犯・吉田松陰への接近は、長州藩の警戒するところとなり、突然帰国命令がくだされた。これには高杉も驚いたが、松陰の落胆も大きかった。

「僕（松陰）此のたびの災厄、志兄（高杉）江戸にありしのみにて大いに仕合せ申候。御厚情幾久しく感銘仕り候。急に帰国とあれば残念なり……」

と書いたほどであった。この三か月の間に、二人の間には子弟を超えた友情が結ばれていたのだった。

安政六年十月十日。高杉は、松陰のことを心に残しながら江戸をあとにした。そしてその十日後に吉田松陰は伝馬町の獄で斬首された。その報せは萩についたばかりの高杉を悲嘆させた。

「承候ところ、我が師松陰の首、遂に幕吏の手にかけ候の由、（中略）実に私共も師弟の交わりを結び候程の事故、仇を報い候ずば安心仕らず候」

と周布政之助あての手紙で悲しみと怒りを書いているほどだった。

隣国〝清〟を見てわが身を知る

文久元年（一八六一）、長井雅楽の「航海遠略策」が藩論として取り上げられ、長州藩を中心に和宮の降嫁が進められていた。これに対し桂小五郎や久坂玄瑞らが反対運動を始めるのだが、突出したのは高杉晋作であった。彼は和宮の降嫁を実力をもってでも阻止すると意気込んだ。この突出ぶりは反対派にとってかえって命取りになりかねない。そこで桂小五郎は周布政之助とはかり高杉を海外に出そうとした。ちょうど幕府の汽船が上海に行こうとしている。前から一度は国外に出てみたいと希望していた高杉は、一も二もなく承諾し上海行きの船に乗った。船は長崎に百日ちかく停泊し高杉はこの間、英国人について英会話を習ったり、幕府役人の接待という名目で、酒を飲んだり遊郭へ行ったりしている。これで金を使いすぎて渡航費用の追加を願い出たりしている。

とにかく船は文久二年（一八六二）四月二十九日にやっと長崎を出、五月五日、揚子江口にさしかかった。七日の早朝、高杉は陸地の方から銃声が鳴り響くのをきいた。清は太平天国の乱のときである。彼は戦いがはじまるのかと期待したが何も起こらなかった。そして、上海で高杉が見たのは、租界をもうけてそこをわがもの顔で歩くヨーロッパ人と、それをさけてこそこそとかくれるように歩く清国人のあわれな姿であった。

その光景は高杉にとって脅威であった。植民地化の実態を目のあたりにして、〝対岸の火事〟ではないと感じた。今の脆弱な幕府では清国の二の舞になることは間違いない。高杉は、このとき自分の成すべき道をはっきりと定めた。このわずかな上海視察は高杉を大きく変えたのである。

そして、七月に長崎に帰ると彼がまずしたのは、オランダ船を買うことだった。もちろん、彼個人が購入するのではない、藩に買わせようとした。しかし、これは無謀であった。二万両はするかという軍艦を藩の下っぱの若僧が一人で買うと息まいているのである。重臣たちは、高杉の言葉に耳を傾けることなくこの話はなくなってしまった。

そして、次にやったのも普通に考えればおかしなことである。それは品川御殿山のイギリス公使館焼き討ちである。上海での外国支配を見てきた高杉が、なお攘夷の行動をとったのである。高杉自身もこれを〝狂挙〟としているが、これは高杉本人にとってはこれからの〝行動する志士〟としてのきっかけであり、長州藩にとっては尊攘派の先頭にたつという立場表明ともなったのであった。

将軍をひやかすほどの度胸

文久三年(一八六三)、前年から攘夷派が大勢をにぎり、この年安政の大獄で刑を受けた人々の罪が許された。高杉晋作もこの機会に師吉田松陰の遺骨を改葬すべく、久坂玄瑞・伊藤博文らと共に小塚原にいた。師の遺骨を掘り出し壺に入れ、馬に乗って上野広小路の三枚橋までできた。高杉はこの橋の中橋を通るという。中橋とは、将軍が東照宮へ参拝するときのみに使われるもので、御成橋ともいう。ここを馬に乗ったまま、刑死者の遺骨をもって通ろうというのである。伊藤らは止めたのだがどんどん行ってしまう。見張りの番人が出てきてそれを咎めると、馬上刀を抜いてたんかをきって、追い払ったという。松陰の遺骨は、世田谷若林の毛利の藩別邸に埋葬した。今の松陰神社は、その回りに明治十五年にできたものである。

また、同じような話として、同年三月、毛利定広に呼ばれて、京都に上る際、箱根の関所を駕籠に乗ったまま通ろうとして、役人に咎められたが、また刀を手にかけ強引に通ってしまったという。

三月二十一日、入京した将軍家茂が下賀茂行幸にお供をして攘夷祈願に行くところに、

「いよう、征夷大将軍」

と大声でひやかしたのも高杉晋作。友人から問われて、

「攘夷をしたら、軍の下に様をつけてやる」

と答えたという。

これらの話は、作り話だといわれているが、いかにも、という感じがしてしまうところが高杉晋作である。

長州を救った高杉流外交術

元治元年（一八六四）八月、イギリス、フランス、オランダ、アメリカの四国連合艦隊が下関を砲撃した。禁門の変での敗北で疲れきった長州軍は、惨めな大敗をきっした。講和談判は元治元年八月八日から行なわれることになった。禁門の変で多くの人材を失

った長州藩は、この交渉の席に高杉晋作を送った。高杉はこのとき、脱藩の罪でとらえられていたのだが、はじめての外交交渉を、しかもほとんど降伏に近い状態で、切り抜けられるのはもう彼ぐらいしか見あたらなかったのだ。

高杉はその交渉の場に、黄色の地に大きな浅黄の紋章を描いた大紋（礼装用の直垂）に黒い烏帽子をつけて現われた。彼は、家老宍戸備前の養子ということで、名も宍戸刑馬と名乗った。高杉の態度は、弱い立場にもかかわらず「魔王のように傲然と構えていた」とイギリスの通訳アーネスト・サトウは書いている。

第一回の交渉は何もなくすんだのだが、二回目の会談の打ち合わせに帰る途中で、強硬な攘夷派が命をねらっている、という話を聞き、通訳としてついていた伊藤博文とともに雲隠れしてしまった。二回目の交渉には高杉は出席しなかったのだがそれで済むはずがない。各国代表は、使節が変わったことで明らかに不服の念を表明していた。そこで井上馨らは藩に強く働きかけ、高杉らの後楯となることを認めさせ、第三回の交渉は高杉が出席することになった。

この三回目の会談は、高杉晋作の一人舞台であった。まず賠償金の問題が出たのだが、これを幕府の責任としてしりぞけた。そして彦島の租借という話になった。高杉は租借ということをくわしく知らなかったのだが、どうやら領土の問題であるらしい。そこで彼は日本の国土のことならばと、『古事記』の国生みの神話から延々とその成り立ちを説き始めた。これは通訳の伊藤が困るほどの長広舌だったが、結局これが功を奏して租借問題は立ち消えとなってしまった。高杉の鋭い直感が租借をはばんだのである。

結局このときの交渉で締結された条約は、海峡を通過する船に対して石炭、食糧、薪水等の供与、海峡には砲台をいっさい置かないことなどであった。この条約によって長州藩は攘夷の旗印を自らおろすことになったのである。その一翼をになったのが、イギリス公使館を焼き討ちした高杉であったのは、なんとも皮肉である。

長州男児の肝っ玉

禁門の変に敗れた長州藩はその進路の選択をせまられていた。大勢は、全面的な謝罪恭順に傾いていた。すでに長州藩は朝敵の汚名を着せられているのである。これ以上何ができようか。これがいわゆる俗論党の主張であった。しかし元治元年（一八六四）九月二十五日の山口の政事堂で行なわれた君前会議では、井上馨が強硬に「武備恭順」を主張し、これが取り上げられた。が、井上は翌日、保守派の暗殺団に襲われ瀕死の重傷を負う。そして同じ日、急進派の要であった周布政之助も、藩を窮地に追いこんだのは自分の責任であるとして自刃してしまった。

　これを機に政府の要職は俗論党によってかためられ、禁門の変の責任者として、三家老に謹慎閉居を命じ、七人の参謀を野山獄に投じて、急進派の勢力を一掃することによって恭順の意を示した。

　そんな情勢のなかで高杉晋作にも危険はせまりつつあった。彼はいち早くそれを察すると、単身萩を抜け出し、変装して九州に渡った。外から幕府軍を切りくずすべく画策したが果たせず、福岡の野村望東尼を訪ね、その平尾山荘で状況を見守ることにした。

長州の俗論党政府は、十一月十一日・十二日に三家老の切腹と四人の参謀の斬首を行い、「謝罪恭順」の姿勢を見せ幕府の長州征伐をのがれようとしていた。このまま推移すれば、長州藩は無力化し幕府のいいなりになることは目に見えている。そう考えると高杉はすぐさま博多をたち、下関に帰った。彼はここで武力クーデターに出ようと考えたのである。立つのならいましかない。

　高杉は長府に集結していた奇兵隊をはじめとする諸隊をまわって決起をうながした。しかし、だれも賛同しない。征長軍が四境をかためているし、時期が悪く兵をあげても

失敗するだけ、という慎重論が大勢を占めていた。高杉は、

「兵を挙げるのなら今しかない。今をのがしたら二度と起つときはないぞ」

と必死に説得し、諸隊が兵を挙げないのならば自分一人でも萩に向かって出発する、とまでいい出した。その熱意に動かされたのであろう伊藤博文をはじめとする約八十名が高杉にしたがうことになった。わずか八十名である。それでも高杉は自分たちが挙兵すれば他の諸隊もそれに続くと考えたのである。成功する保証はどこにもない。しかし高杉はこの戦いに決死の覚悟でのぞんでいる。彼は長府の大年寄、大庭伝七に別れの手紙を送っている。

「死後に墓前にて芸妓御集め、三弦（三味線）など御鳴らし御祭り下され候よう頼み奉り候」そう書くところがいかにも高杉晋作らしい。

決起したのは、元治元年十二月十五日。功山寺にいた三条実美に「これから長州男児の胆っ玉をお目にかけます」といって出たとき、この地方には珍らしく大雪であったという。彼らは、翌朝にはすでに金融・経済の要衝の地である下関の奉行所を占領し、三田尻の海軍局を襲って藩の軍艦三隻をうばっている。そして、高杉の予想した通り、諸隊も次第に動き出し二千人に達する強力な勢力になっていくのである。

小銭をバラまきながら逃亡？

功山寺の挙兵から始まった一連の戦いで、俗論党は一蹴され、長州藩はいちおう「武備恭順」という姿勢を見せながら、藩論は討幕へとかたまっていった。

そんななかで高杉晋作は、下関港開港に向けて動いていた。一時は洋行を考え、その資金まで集めた高杉であったが、長崎でグラバーに貿易港を持つことの利益について説かれ、下関開港の準備にとりかかったのである。

しかし、この動きはそれまで攘夷のために戦った多くの人や、下関を萩、本藩に取り上げられることを恐れた長府藩の反感を買ってしまった。そして長府藩士のなかに高杉や伊藤博文・井上馨らを暗殺しようとする動きが出てきた。それを察した高杉は、しばしば出入りしていた大坂屋の遊女おうのを連れ、身をかくすことにした。

最初は大坂に行ったのだが、書店で『徒然草』を求めようとしたところ、船頭のようななりをした男が『徒然草』を買うのはおかしいと感じた主人に幕府の密偵に通報されそうになり、あやうくそこを立ち去った、ということがあった。それから、四国に渡り博徒でありながら勤王の志士とのつき合いの深い日柳燕石のところに世話になった。ここにしばらく滞在したが、日数が重なって幕府の知るところとなり、幕吏がつかまえにきた。とっさに高杉は、室中にありったけの小銭をばらまき、そのすきにそこを去ったという。そし「金比羅参りの人々にまぎれ、船付き場までいって、て金比羅参りに来ていたのだが、親が大病だという飛脚がきてすぐに帰らねばならなくなってしまった、金はいくらでも出すからすぐ船をやってくれ」

といってその場を脱したという。

"動けば雷電の如く"——高杉の最期

慶応二年（一八六六）六月七日、幕府は長州征伐の口火を切った。長州のいう「四境戦争」である。緒戦、大島口の戦いで高杉は「オテントサマ」号で幕府の軍艦四隻に夜襲をかけ、これを破った。そしてその後高杉は、実質的な作戦指令官として全面的に作戦を指揮した。しかし、このときにも病魔が彼の体をむしばんでいたのである。最初に不快を感じたのは七月二十二日、それでもつらい体をおして作戦を立て船で前線へいったりしていた。そうした無理がたたったのか、喀血しついに八月二十二日に愛人おうのを伴って屯所を離れた。

その後は起き上がることもできず桜山の東行庵と名づけられた家で寝たきりとなった。そして年を越した慶応三年、二月にはいると高杉の病状は一段と悪化した。そして四月十四日、多くの親族や知友に見守られていた。彼は筆と紙をとってもらうと、ようやっと、

「おもしろきこともなき世をおもしろく」

と上の句だけ書き、あとを野村望東尼に託した。そこで彼女が、

「すみなすものは心なりけり」

とつづけると、

「おもしろいのう」

といって目をつぶった。わずか二十九歳、満年齢で二十七歳と八カ月。まさに、「動けば雷電の如く、発すれば風雨の如し」（伊藤博文撰文）といわれた、激しい、一瞬の光のような人生だった。

「夢とロマンをはぐくむ男　勝海舟」

〈勝海舟年表〉

一八二三　江戸の本所で生まれる
本名義邦、通称麟太郎
一八四〇　この年代に、剣を島田虎之助に
蘭学を永井青崖に学ぶ
一八五〇　私塾を開設、兵学、蘭学を教授
する
一八五四　海防意見書を幕府に提出
一八五五　長崎でオランダ士官に航海術を
教わる

辞書を写しとるほどの向学心

禄高わずか四十俵という御家人の家に生まれた海舟は、父の期待を受け、剣や禅、蘭学などを精力的に学んだが生活は苦しかった。蘭学に使う辞書は、六十両もする、のである。外国語を勉強するには辞書はかかせない。しかし、そんな大金があるわけがない。そこで彼はこの辞書を書き写すことにした。『ヅールハルマ』という五十八巻の蘭和辞書を一年がかりで写し取ってしまう。しかも、インクも本を見ながら自家製で作り、ペンは鳥の羽を取ってきて削って作ったものを使い、蚊帳のふとんもなく、柱を削ってめしをたくといった困窮のなかで、それをやりとげるのである。

そしてここからがいかにも海舟らしい。写したのは一部だけでなく二部であり、一冊は手元に置き、もう一冊のほうは売って、元の辞書の借り賃や文房具代にあてたのである。さすがに抜け目がない。

また、本屋で見つけた新刊の兵書を、四谷に住む与力にさきに買われてしまった。どうしても手に入れたい珍本だったので、その与力をたずねたのだが、売るのも貸すのもだめだという。ならば、寝ている間に見せてくれるかというと、午後十時以後、家から持ち出さなければいいという。

そこで海舟は、本所から四谷までの一里半（八キロ）の夜の道を毎日かよって写してしまった。

一八六〇 遣米使節に咸臨丸艦長として随行、日本初の太平洋横断

一八六二 神戸海軍操練所を開設、人材育成に努める

一八六三 軍艦奉行に

一八六四 操練所閉鎖、奉行職罷免

一八六六 第二次長州征伐で幕府側の全権として平和交渉に尽力

一八六八 鳥羽・伏見の戦いで敗戦
西郷隆盛と会見、江戸城の無血開城に成功
陸軍総裁

一八七二 海軍大輔

一八八七 『吹塵録』を著す

一八八八 『海軍歴史』を著す

一八八九 『陸軍歴史』を著す

一八九八 『氷川清話』完成

そしてその与力に礼をいうと、

「私はまだ読み終わってもいない。私が持っていても宝のもちぐされだからあなたにあげましょう」

という。実に勝手な話だが、これをもらい、何かの折に必要があって写本のほうを売ってしまった、という有名な話がある。

若き日の勝海舟の根性と、向学心に燃える姿がうかがえる。

犬だけは大の苦手

勝海舟九歳のときである。本のけいこに行く途中、病犬に出会ってきん玉を食われた。近くの家にかつぎこまれ、かけつけた父（小吉）が前をまくって見てみると、陰のうがかみ切られて睾丸が外にはみ出るほどひどかった。

すぐ外科医を呼んで見てもらったのだが、かなり危ない状態で助かるかどうかわからないという。そこをなんとかと、畳に刀をつき立てて、医者と息子を元気づけなんとか傷口をぬい合わせた。それでも医者は「命は今晩にも請け合うことはできない」という。

そこで父は、その後毎晩水ごいをして、その冷えた体で息子を抱いて熱を下げようとしたのである。そのかいあって次第に傷口はいえ、二か月後には床をはなれることができたという。

そのような話を聞くと心配になってしまうのは男としての能力のほうだが、その後なんと正妻を含む三人の女性との間に四男五女をもうけているのだから、この事件はそのほうには何の影響もなかったのである。

ただ、犬のほうはだめだったらしく、暗がりで野犬などに会うとこわがったそうである。

江戸城開城ウラ話

海舟にとって一番の大舞台となったのは、なんといっても江戸城開城のときの西郷隆盛との会見である。

すでに幕府軍は鳥羽・伏見の戦いで大敗しており、十五代将軍・慶喜の心も和議、恭順にかたまっていた。和平工作のすべてをまかされた海舟は、山岡鉄舟に和議のための根回しをたのみ、イギリスと薩摩藩との協力関係を弱めるような工作をした。これだけの下準備をしたうえで、西郷との会見にのぞもうというわけだが、幕府側がこれだけ追

いつめられ八方ふさがり状態で、最初から武力衝突はさけたいという弱腰ではいい結果は望めない。

そこで海舟が考えたのは、もし戦争になったならば、ナポレオンを退けたロシアのように江戸の町に火をつけるという焦土戦術である。戦うときは徹底的にやるんだと。

海舟はそれから毎日、かごに乗って江戸中の博徒や火消しの頭などをたずねてまわり、合図があったらいっせいに火をつけるように手配した。このときのことを後年海舟は、「骨がおれるというものの、なかなかおもしろかったよ。『貴様らの顔を見込んで頼むことがある、しかし貴様らは、金や力やお上の威光で動く人ではないから、この海舟が自分でやってきた』とひと言いうと、『へいわかりました、この顔がお入り用なら、いつでもご用に立てます』というふうで、その胸のさばけておるところは実に感心なものだ」と、語っている。

また、房総の舟を集めて隅田川の川口に待機させ火が見えたらすぐ川に入り、逃げてくる人々を救うようにも手配した。

これだけの準備も、結局会見が成功したので徒労になってしまったわけである。そしてだいぶ費用がかかり困ったらしい。そのムダを笑う人もいた。しかし海舟は、

『然りといえども、もしかくの如くならざりせば、十三、十四両目の談、予が精神をして活発ならしめず、又、貫徹せざるものあり』

といっている。つまり、単なるおどしではだめで、ここでだめでも次の手は打ってある、という自信が交渉をスムーズに進ませるのである。その気合が相手を飲み込むのである。勝海舟、四十六歳の大芝居であった。

〝人斬り以蔵〟に助けられた海舟

勝海舟は江戸城を無血開城した功労者だが、幕府を売ったとしてずいぶんと命をねら

われた。

明治元年（一八六八）のある日、彼は馬に乗り麹町半蔵門外をゆっくりと帰り道についていた。すると、突然背後で小銃の音がした。狙撃されたのだ。よけるひまもなく、馬は驚いて棒立ちになり、海舟はふりおとされ後頭部を地面に打ちつけて気絶した。これが幸いした。狙撃者は、彼が即死したと思い込みそれを確かめることなく立ち去った。

しばらくして、彼は意識を回復した。あたりは春の夕暮れである。馬はかたわらで何事もなかったかのように草を食べている。また海舟も平然とそれにまたがり帰宅した。

またこれよりしばらく前、御一新の嵐が吹きあれているころ、彼は坂本龍馬にたのまれ一人の男を引き取っていた。岡田以蔵である。〝人斬り以蔵〟とおそれられ、京都で何人もの佐幕派の人間を手にかけた男である。海舟は以蔵を連れ京の町を歩いていた。宿屋をさがしていたのだがどこも満員で泊まることができない。寺町通りにさしかかると突然三人の剣客に襲われた。驚いた海舟が思わず身をよけると、傍らの以蔵が目にもとまらぬ早さで一人を斬って捨てた。その手練におどろき残りの二人は逃げ去って難をのがれた。

その鮮やかさに舌をまいた海舟は、それでも気を落ちつけて、

「無益な殺生はひかえよ――」

とたしなめると、以蔵は笑って、

「冗談ではありません。私が殺らなければ、先生の首は今ごろ飛んでいましたよ」

といい返されて、ひとこともなかった、とのちに語っている。

「幕府御用達の暗殺集団　新撰組」

新撰組結成のいきさつ

日本人は、悲運のなか志なかばにして散っていった人々に同情する傾向が強いようで、ドラマや舞台の上で、さまざまな歴史上の人物が描かれている。白虎隊しかり、特攻隊しかり、ひめゆり部隊しかり。

そのなかで、ドラマ、舞台化の回数のトップを争うのが、忠臣蔵と新撰組だ。形は違えども、お国のために散っていった人々である。

新撰組が結成されたのは、文久三年（一八六三）である。時代が彼らを求めた、とでもいえばいいのだろうか。

当時世間は「安政の大獄」（⇩43ページ）に対する反発もあって、諸藩の浪士の間で暗殺がなかば公然と行なわれていた。そして、時代は公武合体へと動いていた。そこで将軍の上洛する京都を警護するために、清河八郎を中心とした浪士組が結成された。このなかに、のちの新撰組の中核となる人物、近藤、土方、沖田らが含まれていたのである。総勢、二百三〇余名であった。

京都に着いたさい、リーダー格の、清河八郎が、

「将軍上洛警護は表向きであって、実際は尊皇攘夷のための浪士隊だ」

といい放ったことで、近藤たちと見解が分かれ、そのため近藤は芹沢鴨をリーダーとして、「新撰組」を結成したのであった。いわば、幕府のおかかえ軍団であった。

当時、局長は三人いた。新見錦と芹沢鴨、それに近藤勇である。まず近藤は、厳しい局内法度書によって、新見を切腹に追い込み、次に、短気でわがままで粗暴であり、局内でもしばしば対立していた芹沢一派を、土方、沖田らと謀り、斬殺した。ここで、新撰組は、完全に近藤の手のものとなり、のちの暗躍の中心に躍り出ていくのだ。

厳しかった「局内法度書」

対外的に認められる存在になるために、新撰組は近藤の強い提案で「局内法度書」を作っている。その内容は、

一、士道に背きまじきこと

一、局を脱するを許さず
一、勝手に金策いたすべからず
一、勝手に訴訟取り扱うべからず
一、私の闘争を許さず

というもので、背いたものは切腹。それは幹部であっても容赦せず、事実当時の局長の一人である新見がこの法度によって切腹させられたことは、前述のとおりである。

根っからの純情派――近藤勇

鳥羽・伏見の戦い、淀堤の千本松で壊滅的な打撃（三分の二を失う）を受けた新撰組は、海軍副総裁・榎本武揚の指揮する軍艦・富士山丸で、海路江戸へ向かった。

その甲板での、近藤勇と榎本武揚との会話は、近藤の人柄がしのばれて、興味深い。以下このふたりの会話。

「上洛するとき、妻子の顔は見納めだと思って出かけましたが、また会えるのはうれしいことです。しかし、国家の大事にさいしてこんな気持ちになるのはお恥ずかしいことです」「いや、それが人情というものです。文武に秀れていても、人情のない者は鳥や獣にひとしいのですから」

近藤の生真面目で、ぼくとつな性格がうかがえる。

近藤勇が転職？

近藤は、生真面目で純情であるが、気骨のある男で、自分を養ってくれる（と信じている）幕府に対して、忠誠を誓っていた。

ただ、どのような組織に入っていても、不満というものはあるようで、仲のよかった土佐藩の後藤象二郎に次のようにいっている。

「私はあなたの境遇がうらやましい。もし私が土佐藩に籍を置いていたなら、思う存分の働きができたものを」

それに対して後藤は、

「あなたは天下にその名を知られている」

と答え、続けてこういった。

「方向転換して、商業界でお仕事してみたらどうですか。私は大坂の豪商に知り合いが多いから、御希望とあれば紹介しますよ」

近藤がなんと答えたか、資料は残っていないそうである。ただいえることは、自分の力を十分に発揮できない今の境遇に、かなりのもどかしさを感じていたらしい、ということだ。

沖田総司の剣の腕前

沖田総司の剣の腕前を語る話はたくさんある。事実なのか、のちに創作された逸話なのか疑わしいものもあるが、子母沢寛氏の『新撰組始末記』のなかで、近藤勇の道場・試衛館の塾頭だったころの話が書かれている。

「塾頭で、師範代をするのが、奥州白河藩を脱藩してきている沖田総司（房良）で、まだ二十歳になるかならぬかの若輩だが、勇の弟弟子で、剣法は天才的の名人で、実にみごとなものであった。土方歳三（義豊）だの井上源三郎（一重）だのという当道場の生抜きに、千葉周作の玄武館で北辰一刀流の目録をもらった藤堂平助や、同じ千葉の免許をとった山南敬助なども、この道場にきているが、みんな竹刀をもっては小児扱いされた。おそらくは、本気で立ち合ったら先生の勇もやられることだろうとみんな言っていた」（永倉新八翁遺伝）

沖田総司の剣の腕前は、それこそ本物で、しかも、超Aクラスの実力者だったようだ。

沖田総司の最後のことば

池田屋騒動のさい、かっ血で倒れ、肺病と診断された総司は、新撰組のなかでも悲運の志士として後年に伝えられている、最も有名な人物だ。その悲運に満ちた生涯のせいか、テレビ、舞台などでは花形的存在である。

病床に伏す総司は、鳥羽・伏見の戦いに参加することもできず、敗走する仲間といっしょに、無念の思いのなかで、海路江戸へ向かう。千駄谷池尻橋のそばにあった植木屋・平五郎方の納屋を居住地にする。

当時、肺病（結核）というと、それこそ不治の病で、伝染病としても知られ、当然近づく人間も少なく、寂しい末期を迎えたといわれている。時折、姉・光が看病にきていたようだが、その姉も、夫・林太郎が奥州に向かうさいに同行し、その後は、老婆ひとりが、総司のめんどうをみることになる。

死ぬ数日前、総司は庭の梅の木の下にきていた黒猫を、突然斬るといい出した。剣士としての、最後の血が騒いだのかもしれない。老婆から刀をとって、かまえてはみたもののどうしても斬れない。にらみ合いが数十分続いたが、結局この猫を斬れなかった。

あくる日、総司は目を閉じたまま、

「ばァさん、あの黒い猫はきているだろうなア」

といった。これが総司の最後の言葉だったという。

猫は人間の気配、殺気を敏感に感じとり、事前に逃げてしまうので、かなりの腕をもった剣士でも、猫を斬るのは難しいといわれている。この黒い猫が逃げなかったのは、もう総司にそれだけの気合いも、腕もなくなっていたのかもしれない。

このエピソードについては、後年の創作であるともいわれている。『新撰組始末記』の著者としても有名な子母沢寛氏は、

「新撰組にまつわるおもしろい話は、みなフィクションだよ」

といっている。

局内での近藤・土方の役割

新撰組の局長はいまさらいうまでもなく近藤勇だが、実際の指揮は土方歳三がとっていた。この近藤と土方、性格は全くといっていいほど正反対なのだが、無性に気が合っ

たらしい。筆跡を見ても近藤は努力型で、土方は天才型なのだそうである。

土方は実務の面で力を注ぎ、不快なこと、恨まれるようなことを請け負い、近藤が組をまとめやすくした。

こうして新撰組は、類まれな結束力で、池田屋事件、鳥羽・伏見の戦いなどで活躍し、明治維新を少なくとも二年は遅らせたといわれている。

土方歳三の生涯

土方歳三の生家は、かなり大きな農家だった。この家に生まれた土方は、幼いころは、副業で親がやっていた、「石田製薬」で薬の製造、販売を手伝

事件ファイル⑧――池田屋騒動

元治元年（一八六四）、京都三条河原町の池田屋を、新撰組が襲撃し、尊擁派の志士たちを殺害した事件。

八・一八クーデターで、尊攘勢力が京都から一掃されると、公式合体派が京都を支配した。勢力の回復をねらう尊攘派は京都に潜伏し、新撰組がその動向を監視するようになった。

一八六四年、尊攘派の中川宮、松平容保暗殺計画を知った新撰組は、尊攘派が集まる池田屋に夜十時奇襲をかけ、七名を殺傷、二十三名を逮捕した。

この事件で、新撰組は一躍有名になった。

っている。

その後、近藤周助の道場で天然理心流の武術を学び、新撰組結成に参加する。

池田屋事件、鳥羽・伏見の戦いと、血なまぐさい戦火をくぐり抜け、仙台で榎本武揚に出会う。このとき土方には仲間はほとんどいなかった。千葉・流山で自分の進言を聞き入れたために刑死した、近藤のことが常に頭からはなれなかった。

土方は、「北海道開拓に旧幕臣の生きる道をさがそう」という榎本の意見を聞き入れ、榎本と同行して北海道に渡った。そこで函館戦争を迎えるのだ。土方は、

「いまさらこれ以上生きのびたいとは思わない。地下の近藤に合わせる顔がない」

と死を決意し、官軍と戦い、馬上で指揮をとっている最中に、銃で腹部を撃たれ絶命した。壮絶な最期であった。辞世の句が残っている。

「叩かれて　音の響きし　なずなかな」

最期まで戦い続けた男——土方は新撰組のなかでは、一番幸せな男だったかもしれない。

三章

明治を造った男たち

新政府成立、新しい時代へ

一八六六年、孝明天皇が突然崩御し、明治天皇が即位した。幕府は将軍・慶喜を中心として、幕政の改革を断行し、威信の回復につとめていた。

これに対し、薩摩、長州の二藩は、公卿の**岩倉具視**と連絡して、倒幕の実行計画を立て、十月十四日、両藩に対し倒幕の密勅が下った。

一方、土佐藩主・山内豊信（容堂）は、事を穏便に、平和に解決することを望んでいたが、幕府が朝廷に政権を奉還することが必要であるという、藩士・後藤象二郎の意見を聞き入れて、幕府に対しこの旨を建白した。

将軍・慶喜はこれを受け入れ、十月十四日、倒幕の密勅が下ったのと同じ日に政権を奉還した（大政奉還）。

朝廷は翌日これを受理したが、倒幕派はあきたらず、同年十二月九日、武力を背景に政変を起こして、王政復古の大号令を発した。これによって、朝廷内に、総裁、議定、参与の職がもうけられ、新政府の手で政治が運営されることになった。

このことによって、二六〇年続いた江戸幕府は崩壊し、源頼朝以来、約七〇〇年続いた武家政治は幕を閉じた。

新政府が成立してもなお、旧幕府軍は残っていたので、薩長両藩を中心とする倒幕軍は、旧幕府軍一掃をはかった。これに対し旧幕府軍や会津、桑名藩は、倒幕軍と戦ったが敗れた（鳥羽・伏見の戦い）。勢いづく倒幕軍は、江戸へ向かってその歩を進めた。

そのころ局外中立を宣言していた諸外国は、内戦による日本国内の混乱を恐れ、江戸城総攻撃をさけるよう要望した。

慶喜は恭順の意を示し、その命を受けた勝海舟と新政府軍参謀・**西郷隆盛**との会談で、江戸城は無血開城した。

その後、会津藩を中心に、奥羽、北陸の雄藩が同盟して反乱を起こしたが、鎮圧された。そして、最後の反抗を試みた榎本武揚も、函館・五稜郭にたてこもり抗戦したが、一八六九年五月降伏し、約一年五か月におよぶ内戦は、一応終止符を打った。

このような内戦のなかでも、政府の基礎は固められていた。一八六八年、明治天皇は五か条の御誓文を発して、政治の基本方針を明らかにした。内容は、公議世論の尊重や、開国和親の外交方針を打ち出すなど、かなり近代的なものであった。

新政府の足固めが着々と進むなかで、政府内で一つの問題が起きていた。それは、鎖国政策をとっている韓国に対して、武力をもってしてでも開国を要求しようとする征韓派の台頭である。その代表は、**西郷隆盛**、板垣退助、後藤象二郎、江藤新平らであった。

このとき、**岩倉具視**、伊藤博文らは、欧米に条約の不平等改正のために遠征しており、歴訪を終えて帰団した彼らは、こぞってこの征韓論に反対し、内地優先を主張した。

このことに不満を持った西郷らは、いっせいに参議を辞して政府を去った。この後、一八七四年（明治七）、江藤新平は佐賀の乱を起こし、一八七六年には、熊本で神風連（敬神党）の乱が起きた。これに呼応して、福岡で秋月の乱が起こり、萩で萩の乱が起こった。

ついで、翌一八七七年（明治十）には、鹿児島の不平士族に推されて、**西郷隆盛**が挙兵した（西南戦争）。政府軍は、徴兵制による軍隊を出動させて、約半年をかけて、この騒動を鎮圧した。

これ以後、士族の反乱はあとを絶ち、政府の独自の活動が始まることになった。明治初期には征韓論を唱えていた、**木戸**、**大久保**らが、海外の動向を視察するにおよんで考え方を変えていったのは、西郷らにとっては皮肉なことであった。

情の将軍

「西郷隆盛」

上野の西郷像、ほんとはニセ物？

西郷隆盛の写真は、一枚も存在していない。幕末に散った若き志士たちでさえ、その短い生涯のなかで数枚の写真を残している人々も多いのに、幕末維新の動乱を生き残り、明治政府の中枢をなした西郷に写真がないのはなぜだろうか。

一説には写真ぎらいともいわれる。確かに写真がまだ珍らしかったこの時代、写真をとると魂を抜かれるという迷信があったくらいだからそうだったとしてもおかしくはないが、明治天皇にその写真を所望されたときでさえ、やんわりとそれを

〈西郷隆盛年表〉

一八二七　薩摩藩士・西郷吉兵衛の子として生まれる
一八五四　藩王斉彬に登用され、側近として国事に参加する
　　　　　将軍継嗣問題で奔走
一八五八　斉彬の死により、不利な状況に追い込まれ投身自殺を図る
一八六二　配流先の奄美大島から久光に呼び戻されるが、公武合体に反対

断ったという。

今日の西郷像の中心となっているのは肖像画と上野の山にある銅像であろう。しかし肖像画のほうは本人を前に描かれたものではない。描いたのはお雇い外国人であったエドアルド・キヨソネで、それを描くにあたって、顔の上半分を西郷の弟の西郷従道から、下半分は従弟の大山巌からとって合成したといわれている。しかしながら完成した絵は隆盛像として動かせない重みを持ち、その後に描かれるいくつかの肖像画に影響を及ぼしているという。

また上野の銅像は、明治二十五年高村光雲によって制作され、完成したのは明治三十二年であった。このときこれを見た糸子未亡人は、

「うちの人はこげん人じゃなかったこてえ」

一八六四　して再び配流
　帰藩後、大久保らと禁門の変、
一八六六　長州征伐で幕府軍につく
　木戸孝允と薩長連合を結ぶ
一八六八　王政復古に成功
　戊辰戦争で指揮をとる
　江戸城無血開城
一八七一　岩倉・大久保に請われて政府入り
　廃藩置県敢行。以後、学制、地租改正、徴兵令などに尽力
一八七三　岩倉・大久保らとの征韓論争に破れて下野
一八七七　西南戦争勃発、破れて自刃

と語ったという。

いったい本物の西郷さんはどんな顔をしていたのだろうか。ちなみに本書の表紙の西郷隆盛肖像画は明治の画家・床次正精によるもので、西郷本人と面識があったことから、実際の西郷隆盛によく似ているといわれている。

西郷を人間的に大きくした島流し生活

幕末維新の動乱のなかをさっそうと駆けぬけた西郷隆盛にも苦難の時代があった。それは二度にわたる南島への配流、いわゆる島流しである。

一回目の配流地は奄美大島であった。安政五年、命をかけてつかえた藩主斉彬の急死、それにつづく安政の大獄による弾圧に絶望した西郷は僧・月照とともに入水自殺をはかるが奇跡的に命をとりとめた。そこで薩摩藩は西郷を死んだことにして、奄美大島に送ったのである。だから厳密に罪があるわけではない。島でも生活に慣れないうちは苦しく、また絶望のあまり自暴自棄になっていたこともあって、島の人々からは狂人といわれおそれられていた。しかし、島の娘愛加那と所帯を持つようになると落ちついて島の暮らしになじむようになった。島の人たちとも交流し、きびしい取り立てをする代官所に意見をしたりもした。

　そして文久二年二月、西郷は呼びもどされるのだが、島津久光の怒りにふれわずか一か月後、再び流されることになる。今回の久光の怒りはすさまじく、

「実に逆心の者にて、死罪を申し付けたきほどのことに候へども、（死）一等を減じ、一生返らざるの流罪に決し申候」

という、本当は死罪にしたいがしかたがないから一生帰ってこられないようにした、といい放っているのである。

　西郷はまず徳之島へ送られ、一度は愛加那と二人の子供たちと感激の再会をするが、久光の立腹はおさまらずその後沖永良部島に遠島処分となる。今度は本当の流罪である。

　ふつう島流しの刑は、その島では自由に働けるものだったが、沖永良部島では牢に入ることを命じられる。牢といっても、海に面してわずか二坪ほどの広さしかない。屋根はあるものの回りは約三メートル四方の格子にかこまれた吹きさらしで、夏は南国の太陽が照りつけ、冬は海からの寒風が吹きすさぶ。四枚のムシロがひかれ片すみに便所がつくられ臭気が鼻をつく、ひどいところだった。夏は蚊と虫に悩まされた。西郷は陰のうが肥大し馬には乗れなかったといわれるが、その原因は、このときかかったフィラリ

ア（象皮病）のせいらしい。

とにかくそのなかでも彼はじっと端座したままで動くことはなかったという。ひげはのび放題、顔は黄色く変色し、粗食のためあの巨体がやせおとろえ見る影もなかった。

見かねた島役人で監視役の土持政照は代官所に願い出て自分の家の近くの小屋をかわりの座敷牢にすることを許され、その間西郷を自分の家に引き取った。彼の母つるは西郷を親身に世話をし、そのおかげで彼はずいぶん体力を回復していった。新しい牢の工事はなかなか進まなかった。それもそのはずで土持らは、

「なるべくゆっくりやってくれ。何年かかってもかまわないから」

と大工にいってあったのである。

その年の暮れに座敷牢は完成しそこに移るころには西郷はすっかり元気になっていた。今度のところは牢屋にはちがいなかったが、前の海岸にあった牢にくらべれば普通に暮らすのとかわりなかった。

そして西郷はやはりこの島に流されていた川口雪蓬という文人に出会い影響を受けたり近くの子供たちを集め塾を開いたりした。

こうして約二年をこの島ですごし、自分を省りみて、島の人々の親切にもふれ、己を

知り人を知りひとまわり大きくなっていたのである。

西郷さんは太めの女性が好み？

西郷は二十五歳のとき、最初の結婚をした。相手は薩摩藩士伊集院兼寛の妹・俊子である。最初の、というのは結局この結婚はだめになってしまうからなのだが、というのも、この次の年の春、西郷の祖父が他界すると、秋にはわずか二か月の間に両親が亡くなってしまったのである。三度の葬式に借金を重ね生活は困窮した。おまけにこの後西郷は江戸詰を命じられ、残された妻は西郷の三人の兄弟の世話で苦労した。そして安政五年、わずか三年で離婚した。このことはかなり西郷を打ちのめした。たった一人の女性も幸福にできない無力感を味わっていた。

こののち、奄美大島に流罪中に島の娘愛加那と結婚し二子をもうけるが、この結婚生活は島だけのものであった。その後、二人の子供は引き取られたが、愛加那は一人さびしく島で暮らしたという。

それから慶応元年（一八六五）になり、坂本龍馬や小松帯刀に強く勧められ、再び西郷は正妻をむかえることになった。一月、岩山直温の娘糸子と三度目の結婚をする。この間には三男をもうけた。

こういったいわば正妻とは別に西郷には何人か愛人がいたといわれる。そのなかでも有名なのが、「豚姫」である。京都・祇園の奈良屋のお虎という女性で、「豚のごとく肥えていたから、豚と称せられた茶屋の仲居だ。この仲居が、酷く西郷に惚れて、西郷もまたこの仲居を愛していたのヨ」（『氷川情話』）と勝海舟が語っている。

西郷はこのお虎を使って情報収集をしていたともいわれ、東征軍を率いて京都をあとにするときに、これまで世話になった礼にと三十両を贈った。また、この他にもお末という女性もいてこの女性もまた大女であったというから、西郷さんは太めの女性が好みだったとみえる。

敵の心中までも考える西郷の情

鳥羽伏見の戦いに始まった戊辰戦争も、江戸城の無血開城をへて、会津若松城の降伏によって一応のくぎりとなった。会津藩を中心とする奥羽列藩同盟も崩壊し、庄内藩も降伏することになった。庄内藩は、鳥羽伏見の戦いのきっかけとなる薩摩藩邸焼き討ち事件を起こしている。それでなくても幕府軍に対する処罰はきびしく取り行われていた。

少なくとも藩主あるいは家老の切腹はのがれられない。庄内藩主酒井忠篤も覚悟を決め、官軍参謀の黒田清隆の元へ謝罪に向かった。

しかし、その処罰は案に相違して軽いものであった。藩主はもちろん、藩士たちも自宅謹慎という恩情あふれるものであった。酒井も家老・菅秀実《すがひでざね》も、とっさには信ずることができずようやくその意を理解すると涙したという。

そしてこの寛大な処分は西郷の指示であることを知ると、酒井も菅も大いに敬服し西郷に師事するようになる。明治三年には酒井自らが七十名ほどの兵をつれ鹿児島に西郷を訪ね軍事訓練を受ける。酒井自身も兵の一人として、寝起きを共にするほどであった。明治八年（一八七五）には、菅が、石川静正を始め七名と共に鹿児島入りし、西郷を訪ねそのものの考え方や信条を聞きそれを『南洲翁遺訓』としてまとめた。

　このような西郷と庄内藩の関係は、西南戦争にも関わるのだが、また別の伝説も生んでいる。

　庄内藩鶴ヶ岡城受け渡しのときのことである。受け取る軍使は薩摩私領五番隊に決まっていたのだが、その隊長大津十七に西郷は「受け渡しには高下駄をはいていくようにに」という指示をした。十七は反発した。いくら恭順したとはいえ昨日まで戦っていた相手の城下である。高下駄では、とっさに動くことができない。西郷に抗議をすると、西郷は笑いながらこういった。

「十七どん、考えてもたもんせ。昨日までの敵に居城を渡さにゃならんのだ。庄内藩士の胸の内はどげんものじゃろか、そこへ高下駄はいてゾロゾロいきゃそのおかしさに皆あきれて、にくしみだとか恥辱だとか面目がどうとかそういうことも忘れてしまうんじゃなかと、おいは思っちょるんじゃ」

絶えることのなかった〝西郷復活〟のウワサ

明治十年（一八七七）九月、八か月に及んだ戦いは西郷隆盛が自刃し城山が陥落して終結した。いわゆる西南戦争である。

そしてその戦いが終わるとまもなく西郷にまつわる奇妙な話や噂が世間に広がりはじめた。そのどれもが西郷さんの名声や人徳を惜しむものであるのが世間における西郷人気の高さを感じさせる。もちろん政府は西郷が賊臣であることをさかんに宣伝し、新聞にも書かせたのだがいっこうにききめがなく、東京では夜になると東南の方向に西郷星があらわれると評判になった。それは鹿児島で死んだ西郷の魂が天にのぼって一つの星になったというものであった。

また反対に、西郷は死んでいない、生きているということがさかんにささやかれている。名古屋では、西郷は船で四国に逃げたのだからそのうち土佐にあらわれるだろう、という話であった。（明治十年十月二十七日『読売新聞』）

翌日には、陸奥宗光が西南戦争のときに土佐立志社と挙兵をたくらんだという理由で投獄されるという事件が起こっているが、これは陸奥が人にたのんで西郷を中国大陸に脱出させたためだという。（明治十一年七月一日『新潟新聞』）
　また数年後には、西郷はインドのある島にかくれていたが、この度貴顕の招きで日本に帰ってきて政府の高官につくという風聞がたった。（明治十四年十一月十九日『郵便報知』）
　そして、明治二十四年四月、来日するロシア皇太子ニコラスと共に艦で帰ってくるといううわさがまことしやかに流された。それによれば西郷は城山陥落の前々夜、政府軍の包囲を脱け出し串木野に行き、そこから甑《こしき》島経由でロシアの軍艦に乗り込んでウラジオストックに渡ったのだという。さらに明治十七、八年ごろ開拓使長官黒田清隆がひそかにシベリアに赴き、ロシア兵の訓練にあたっていた西郷に会ってこの日の帰国の約束をしてきたともいわれた。（明治二十四年三月三十一日『東京日日』）
　このうわさは、かなり広まっていたらしく西郷が帰るか帰らないか、という懸賞を出した新聞さえあったほどである。
　結果は、ロシア皇太子は来日したがそのなかに西郷隆盛の姿は見えなかった。

「幕末・維新最大の謀略家　大久保利通」

〝聞こえない〟作戦

慶応二年（一八六六）、幕府は第二次長州征伐を決定し、薩摩藩にも出兵を求めた。しかし、この年の一月にはすでに薩長同盟が成立しており、薩摩藩はこれに兵を出すつもりはなかった。

ここで大久保は、老中板倉勝静を相手に大芝居を打つのである。重役が急病ということで大久保自からが出頭し、板倉と相対した。しかし大久保は、自分も風邪ぎみで少し耳が遠くなっていると訴えた。

「そうか、耳疾か、ならばもそっと近うよるがよ

〈大久保利通年表〉

一八三〇　薩摩藩、下加治屋町にて生まれる
一八五〇　父利世に連座して遠島
一八五一　島津斉彬が薩摩藩藩主になる
一八五九　精忠組同志と突出計画を謀るが藩王の諭書により中止
一八六三　薩英戦争の講和にあたる
一八六六　薩長同盟成立
　　　　　長州征伐への出兵を拒否

い。このたび幕府は再び長州を追討することを決定した。そこで一つ貴藩にも兵を出していただきたい」

　そこで大久保はびっくりしたように顔をあげ大声でこういった。

「これは奇怪なことを。なにゆえ薩摩藩を討つと申されるのか。よろしい、どうしても追討なさるというのならば、わが方も兵をととのえて一戦いたしましょう」

　耳がわるくて聞きちがえたふりをしてこう答えた。あわてたのは板倉である。

「何を申す。そうではない。よほど耳が悪いとみえるな。もっと近う、ここへこい。薩摩ではない。長州を討つといっておるのだ」

　すでにしどろもどろである。これで完全に板倉

一八六七　岩倉具視と結託して朝廷工作、倒幕の密勅を降下
一八六九　参議に
一八七一　木戸孝允とともに版籍奉還実現
　　　　　参議を辞任、大蔵卿に
　　　　　木戸・西郷らと廃藩置県を実現
　　　　　遣米欧使節団の全権副使として横浜を出航
一八七三　内務卿を兼任
　　　　　西郷の朝鮮特使としての派遣を阻止、西郷下野
一八七七　西南戦争鎮定の最高指揮官に
一八七八　赤坂紀尾井坂にて暗殺される（5・14）

は大久保に飲まれてしまった。大久保はかさにかかって出兵を拒否しここを退出してしまった。彼の作戦勝ちであり気力勝ちでもあった。

他を威圧する大久保の人柄

西南戦争で西郷隆盛がたおれ、その最中に木戸孝允も病で亡くなり、もはや政界において大久保に匹敵する経歴、力量を持つものはなくなり、絶大な権力を手中にした。人々はその決してみだれることのない端然たる態度におそれはすれ、親しみは持たなかったという。

こんな話がある。毎朝、大久保が馬車で内務省に行き、玄関で車をおり、長い敷石を歩む靴音が鳴り響くとそれまでざわざわしていた省内が水を打ったように静まりかえったという。

またそのころの彼の権力の大きさと威圧感を物語る有名なエピソードがある。薩摩出身の黒田清隆北海道開拓使長官が、泥酔して妻に暴力をふるって死亡させるという事件が起きた。彼は一種の酒乱だったのである。一説には大刀で斬り殺したとも、けり殺したともいわれる。病死だったにしろ、普通の死に方ではなかったらしい。

さっそく閣議で問題になり、黒田長官の進退問題となった。大隅重信も伊藤博文も、――この事件が本当であるならば、法によって罰し、まったくのうわさならばその誤解をとくように手をうたなければなるまい――と主張した。かなりの議論がかわされたが、大久保は目を閉じ、じっと無言でいるばかりである。

そこで三条実美が大久保の意見をたずねると、おもむろに目を開け、

「黒田は私の同郷の友人である。したがって私は誰よりも彼の性格をよく知っている。彼は決して自分の妻女を手にかけるような人間ではない。私が保証する。この大久保を信じて下さるなら、黒田をも信じていただきたい」

ときっぱりといいきった。こうなるともう誰も反論できない。この件は大久保に一任することとなった。彼は命じて黒田夫人の検死を再びさせて、他殺の疑いはないという報告を受けた。彼がこれを公表すると、一連のさわぎはぴたっとおさまってしまった。

政治に全力を傾け凶刃に散る

明治十一年五月十四日朝、大久保は福島県令山吉盛典の訪問を受けた。用件がすみ退

出しようとする山吉を引き止めて、これからの日本が進むべき道をとうとうと説いた。そして大久保自らも役所に出勤するため馬車に乗って出かけようとする。するとその日にかぎって三歳になる娘が泣いて離れない。あまり激しく泣くので馬車に乗せて車回しを一回りしてあやした。そうするとやっと泣きやんだという。

いまにも雨の降り出しそうな空模様のなか、馬車は清水谷にさしかかった。馭者が一人、馬丁が一人。人通りのない寂しい通りだ。とそのとき、バラバラと六名の男たちが、抜刀のまま飛び出してきた。馬の足を払うと、馬が倒れ、飛び降りた馭者を袈裟がけに斬りつけこれをたおした。書類を見ていた大久保が扉を開いて外へ出ようとしたところ、右手を持って引きずり出された。

「無礼者！」

と一喝するとその頭上へ凶刃が降りおろされた。なおよろよろと歩くところを、めった斬りにされ、とどめの短刀をつき立てられて大久保は絶命した。

犯人は、加賀藩島田一郎ら、征韓派の不平藩士六名。大久保の罪状を記した斬奸状を胸に太政官に自首した。

このとき、大久保四十九歳。まさにこれから殖産興業を中心に、富国強兵、近代化に力を発揮しようとしたときに、凶刃にたおれたのである。彼の死後、遺産として残ったのは現金わずか百四十円。借金は八千円もあり、所有の不動産はすべて抵当にはいっていたという。まさに政治に全精力を傾けた生涯だったのであろう。

政治家としては抜群の平衡感覚

大久保の政治家としての抜群の平衡感覚を感じさせるエピソードがある。薩摩藩が、京都の情勢を見ながら藩内の富国強兵に取りくみ、砲術の改良などにも力を入れていたときである。薩摩藩士村田経芳は、かねてから本込銃の改良、国産化を研究しており、また射撃の名手でもあった。彼が作った銃は、かなりのものだったが旧式砲術の師範家たちはいろいろと文句をつけて、その性能をみとめようとはしなかった。そこで、大久保は村田の意見を取り上げ、久光・忠義父子も臨席のもと比較試射会を行うことにした。実際に撃って優劣を決めようというのだ。

村田の新式銃は、鉄板の的を見事にうち抜いたが、旧式銃のほうは鉄板にははねかえされ、なかには的まで届かないというとんでもないものもあった。これで性能の違いははっきりした。旧式砲術の師範家たちは顔色をうしなった。そこで村田は、当然のごとく自分の銃を藩の制式銃に採用するように大久保に要求した。ところが大久保はそれを認めない。敗れたほう、旧式砲術家のことを考えたのである。

「あまりいそいではいけない。かえって彼らの反発を招き混乱してしまう。彼らとて今日の結果を見て努力するだろうから」という訳だ。

しかし明らかに遅れている彼らをそのままにしておいては軍備強化はおぼつかない。そこで師範家の子弟や門人のなかから優秀な人間を選んで、藩として江戸、長崎に留学させた。また、彼らのなかには村田に弟子入りするものも現われた。この結果、薩摩藩の砲術全体がレベルアップしたという。新しいものはどんどん取り入れ、しかも事態をよく把握して最善と思われる方法をとり、確実に目的を果たす。大久保の一流のやり方であった。

ちなみに、この村田経芳はその後も改良をかさね、日清・日露戦争にも活躍した日本陸軍の制式銃「村田銃」を作りあげたのである。

大久保が腰をぬかした？

文久三年（一八六三）六月、生麦事件をきっかけとしてイギリスと薩摩藩との間で戦いが始まった。薩英戦争である。イギリスは旗艦ユーリアラス号以下七隻、砲門八十九という大艦隊で鹿児島湾へはいってきた。

大久保はこのとき、城下において作戦全般の指揮をとっていたのだが、このイギリス艦隊の様子を見ようとして、倉の屋根にあがった。ちょうど雨の上がったところで瓦がぬれていて、それに足をすべらせてころんでしまった。ところが、これを見て、大久保はふだんは過激な議論をぶちまけて強気だが、イギリスの艦隊を目のあたりにして腰をぬかした、などという評判がたってしまった。彼は「人は途方もないところで途方もないことをいわれるものだ」と苦笑いしたそうである。しかし、まじめで冷徹なイメージの大久保が屋根の上で尻もちをついてるところを想像すると、なんともおかしいものである。

大久保のハイカラ好み

大久保利通に強い影響を与えた人物の一人に母方の祖父である皆吉鳳徳がいる。彼は長崎、江戸で蘭学、医術を学び、海外事情にも関心を持ち航海、海運の重要性を早くから注目していた好奇心の強い人物だった。彼は苦労のすえ三人の同志とともに、三本マストの西洋式帆船「伊呂波丸」を完成させた。文政六年（一八三三）のことであり、この船は日本初の西洋式船舶であった。のちに藩に献納され琉球航路において活躍した。また、彼は西洋風を好み、筒袖（たもとのない着物）を愛着するなど、かなりハイカラな人だった。

このような開明的で強烈な個性を持った祖父にかわいがられ育った利通も、維新後は朝食に、パンと濃い紅茶を食し、家にいるときもたいてい洋服姿、冬はストーブをたいてすごしていたという。鳳徳は利通が八歳のときに亡くなったのだが、彼の与えた影響は大きかったと思われ、大久保のハイカラ好みもここらへんからきているのかもしれない。

大久保流出世術は上司と同じ趣味を持つ

安政五年（一八五八）、藩主斉彬の急死によって薩摩藩の情勢は保守派にかたむいていた。そのなかで大久保利通は、藩全体を動かせる政治力をつかむべく、事実上の実権者である久光に接近しようとした。問題はどうやって近づくかである。両者の身分が違いすぎて、容易に口をきいたり会うことはできない。

そこで大久保は、八方手をつくして久光が囲碁好きであることをつきとめた。そしてそのお相手の一人が同志・税所篤の兄である吉祥院住職乗願だということがわかると、さっそく彼のもとへ囲碁を習いにいった。そして久光に取り入る機会を待ったのである。なんとも気の長い話だが、これが大久保流のやり方なのだ。目的を達成するためには努力はおしまない。いわば上司と同じ趣味を持って、そこから近づこうという訳なのだが、囲碁は結局、終生大久保の趣味になったのである。

そしてチャンスが訪れた。久光が平田篤胤の『古伝史』を読みたがっているのだが、なかなか手にはいらないということである。そのことを乗願から聞くと、彼はこの本をさがして知り合いから借り、これを差し出した。しかもただ差し出したのではない。本の間に現在の政局への意見や同志の名前を書いたメモをはさんでおいたのである。この作戦が功を奏して久光はしだいに大久保やその同志らに注目するようになった。まさに大久保のねばり勝ちである。

大久保が久光の側近に抜擢され、はじめて直接面会できたのは万延元年（一八六〇）春のことであった。囲碁を習いはじめてから二年の月日がたっていた。

子供のころはワンパク小僧—西郷とは大の仲良し

大久保は少年時代、かなりのいたずら小僧だったようだ。近所の子供たちと学校が終わるとすぐ外へ出て川で泳いだり凧をあげたりして遊んだ。家族で温泉へ行くと、父親のくわえた煙管を湯のなかへたたき落したり、水とお湯の出ている所のお湯のほうをせきとめて冷たさに湯治客が飛びあがるのを見てよろこんだりした。

またよく桜島へ遊びに行った。桜島の噴水口には石を投げると山神の崇りがあるというい伝えがあって落石・投石は禁じられていた。ところが大久保たちは、かえってそれを面白がって石を投げこんではよろこんでいた。そんな無邪気ないたずらばかりしていたが、それでも他の子供たちとはどこか違っていたと見え、「頭のいい子だ」といわれたという。

その同じ郷中には西郷隆盛もいたのだが、大久保と西郷は皆に一目おかれて、尊敬されていた。どんないたずら小僧でしたいほうだいやっていても、二人の姿を見ると逃げていったという。またこの二人は若いうちから仲がよく兄弟以上だといわれていた。西郷はだいたい毎日大久保の家を訪れ夜まで話しこむ。こない日は大久保が西郷の家に行く。二人が一緒にいないことはめずらしかったという。

このような町から二人の大人物が出、また二人を中心にたくさんの志士たちを生んでいったのである。

大久保は日本一勇気のある男?

徳富猪一郎は、その著『大久保甲東先生』のなかで、政治家としての大久保の資質を、次のように評価している。

「政治家の資格で何が第一かといえば、それは勇気だ。何が第二かといえば、それは勇気だ。何が第三かといえば、それは勇気だ。苟も勇気の欠乏したる政治家は、扇子に要のないようなものだ。（中略）しかして、我が大久保公の勇気に至りては、実に一世に偉出したるのみでなく、百代に卓越したといっても大なる過言ではあるまい」

「幕末期最高の智謀家

岩倉具視」

〈岩倉具視年表〉

一八二五　京都で堀河康親中納言の子として生まれる
一八五四　孝明天皇の侍従となる
一八五八　日米修好通商条約勅許問題に反対
一八六二　公武合体策・皇妹和宮降嫁問題尽力
一八六二　尊攘派の弾劾で辞官
一八六七　王政復古を実現

岩倉具視は大貧乏

岩倉具視は、家領百八十石の堀河家に生まれた。公卿のなかでもかなり下級である。その後、才能を買われて岩倉家に養子として入り具視と名乗るようになった。しかし、この岩倉家にしても百五十石という禄高で、いわゆる貧乏公家である。だいたいが江戸時代の公家は冷遇されており、大名・旗本に比べれば天と地の差がある。禄高にしても多くて四百石から二千石、少ないものになると、わずか三十石というのさえあった。

それゆえ、当時の公家の生活は一般的に苦しく、扇子や歌がるたを作る内職をしてなんとか生計を立てているという有様である。あまり金を払ってくれないので、物売りにくる商人も公卿の屋敷の近くにくると、売り声をやめて黙って通ったといわれるほどなのである。

岩倉にしてもやはり生活がきびしく、和宮降嫁問題にからんで、洛北の岩倉村に引っ込んだときにも、生まれた子供を里子に出しながら、その養育費さえ送れないほどであった。しかたがなくなり、百姓の養女にしてもらおうとまで決心したのだが、それはさすがに家来筋から諫められ思いとどまったという。また、男の子供たちが遊びで取ってきた魚はそのまま食料になったとか、酒好きの岩倉が自分でとっくりをぶらさげて茶屋まで買いに行った、など貧乏話にはことかかないのだ。

一八七一　新政府で参与
外務卿・吉大臣兼特命全権大使
廃藩置県を行い、中央集権体制に
条約改正のため岩倉遣外使節として欧米を歴訪するが失敗
一八七三　征韓派を排除し、富国強兵の政策をとる
一八七四　高知藩士族に襲われて負傷
自由民権運動を弾圧、天皇制を擁護
一八八一　日本鉄道会社設立
第十五銀行設立

そして岩倉は、窮余の策として密かに屋敷内に博徒を入れ賭場を開帳し、テラ銭を稼ぐ、ということをした。これは幕府の捕吏でも、公卿の家には勝手に踏み込めない、という特権を利用したものであった。

いずれにせよなんらかの副業をしなければ生活できなかったのである。

岩倉を動かした政治理念は〝天皇親政〟

安政二年（一八五五）のことである。あるとき、天皇が歌を詠んだのだが、それを書きとめる短冊がない。早い話が朝廷にお金がないのである。これを嘆いた岩倉具視は、それから京都における幕府の最高責任者である所司代の本多美濃守のもとへ訴え出た。

「天皇ともあろうお方が一枚の紙にも事欠くとは、誰のせいだとお思いですか。これは幕府が朝廷を軽んじているとしか思えません」

この訴えを聞いた美濃守は、

「あなたのおっしゃることはもっともだが、私一人の力ではどうにもなりません。幕府には伝えておきますが、とりあえずここは私が用立てしましょう」

と答えたという。このとき岩倉は皇室の力のなさを痛感したという。

岩倉を常に動かした政治理念は、天皇親政であった。和宮の将軍家への降嫁を強く推したのもそのためであった。天皇家の発言権を強めるため画策したのであったが、結果的にそれは幕府側の公武合体策をたすけた形となり、彼は尊攘派から狙われることになる。その後、宮中においても三条実美・姉小路公知らの反対派が勢力を盛り返し、岩倉は佐幕の疑いをかけられ、宮を辞し頭を丸めて蟄居することになる。

岩倉は結局五年の間、隠とん生活を送ることになるが、彼はこの間にも坂本龍馬、中岡慎太郎、桂小五郎、西郷隆盛、大久保利通らに接触し、そうしたなかで自らの考えを公武合体から、薩長を中心とした討幕へと転換させたのであった。

“列参”で条約勅許を妨害―日米修好通商条約

日米和親条約が結ばれてから五年たった安政五年、アメリカはさらに通商条約の締結を幕府にせまった。窮地にたった幕府は勅許を求めて、老中堀田正睦が上洛した。

この勅許を阻止すべく立ち上ったのが岩倉具視であった。彼はこの機会に朝廷の権威を回復しようとしたのである。彼のとった作戦は、「列参」というものであった。今でいう大衆デモのようなもので、グループで宮廷に押しかけ、数でもって勅許をおさえようというのである。このときの岩倉の行動力にはすさまじいものがあった。すでに大勢は勅許することに決まっており、時間もない。しかも、岩倉のような下級の公家は普通は宮廷内にはなかなかはいれない。「列参」という行為自体が違法行為なのである。

しかし、こうと決めた岩倉は精力的に動きまわった。一夜のうちに百人ほどの公卿の家を説いて回り、とうとう八十八人もの参加を得るようになったのである。これが功を奏して、勅許は下されなかった。岩倉の意志と情熱がこれをはばんだのである。

孝明天皇毒殺の犯人？

慶応二年（一八六六）の暮十二月十一日、宮中内侍所で臨時の御神楽が行なわれた。孝明天皇は風邪をおしてこれに出御した。翌日から体調をくずし、その後、高熱が続き夜も眠れず、食欲もなくなり、うわごとをいい始めた。侍医の山本典薬丈允が診察をし、痘瘡かなにかの熱らしい、ということになった。日頃、健康な方だっただけにこの突然の発病に周囲は驚いた。

十五日、十六日と病状はひどくなり、手や顔に吹出物ができ、色が出てむくみ始めた。食欲がなくなり、吐き気が強くなった。そして十七日に十五名からなる医師団から正式

に疱瘡であると発表され、各地で加持祈禱が取り行なわれる。その後、発疹の経過は順調で、疱瘡の二、三ヶ所が変色したが、どうやらたいした重症ではないとわかってきた。睡眠もとれ、だんだん食欲も出てきた。二十一日には、天皇の気分もよく吹出物からウミが出始めた。ウミが出れば、あとはかさぶたになって固まるのである。二十三日には、ますます食も進み、吹出物のあとも乾燥して固まり始めた。翌日もほぼ同様、疱瘡の経過はよく医師たちもひと安心をしていた。

　ところが、翌二十五日。天皇は前夜から突然はげしい吐き気と下痢に襲われた。病状は一転したのである。

「御九穴より御脱血」という激しい悪化を示

し、血を吐き顔中に紫の斑点ができて、すさまじい形相となった。そしてその夜遅く苦しみながら、ついに息を引きとった。

孝明天皇の死因（⇩62ページ）については、古くから病死説、毒殺説といろいろいわれていた。特に毒殺説については、確かな証拠がないものの当時から根強く噂されていたものであった。イギリスの外交官アーネスト・サトウも、

「噂によれば、天皇《ミカド》は天然痘にかかって死んだということだが、数年後に、その間の消息に通じている一日本人が私に確言したところによると、毒殺されたのだという」（『一外交官の見た明治維新』）

と記している。確かに、いったんは快方に向かった病状が急転し「御九穴」から出血して死んだ、というのは正常ではない。

では、毒殺されたのだとしたらいったい誰がなんのためにやったのか。天皇の死後の政治展開を見て岩倉具視の名がささやかれるのは無理がないことかもしれない。天皇は頑固な攘夷論者ではあったが討幕派ではなかった。しかし、世のなかはしだいに尊皇攘夷から尊皇討幕に移行していたのだ。その後の一連の討幕の動きは、もし孝明天皇が生きていたら可能だったであろうか。

慶応三年（一八六七）正月、十六歳の若さで明治天皇が即位した。岩倉をはじめとする「王政復古」派の公卿たちは力をもり返したのだった。

岩倉を赤面させたホテルの最上等の部屋は？

明治四年（一八七一）十一月十二日、右大臣岩倉具視を全権大使とし、大久保利通、木戸孝允、伊藤博文、山口尚芳らを副使として、約五十名の使節団が、アメリカ・ヨーロッパに向けて出発した。岩倉使節団である。

そのときのことである。ニューヨークに到着し、ホテルに泊まることになった。そのホテルは四階建てのたいへんきれいなものであった。岩倉は、これならば長旅の疲れもいやせると思い、案内を受けた。当然、最上階の一番いい部屋に案内されると思ったのだが、通されたのは一階の部屋であった。内装はそれなりにきれいだったが、岩倉は、

「外国の使節をもてなすのに、一番下の階とは何事か」

と憤然として怒り、すぐに最上階の部屋にうつさせたのである。

ところが、その後アメリカ政府の官人につれられていろいろな所を視察するうちに、当時の欧米では、下の階のほうが上等であることを知って、岩倉は赤面したという。

沈着・冷静な明治の指導者

山県有朋

山県が一目惚れした女性とは？

奇兵隊の一員として、高杉晋作を助け、戊辰戦争や西南戦争でも活躍し、〝武人〟のイメージの強い山県有朋であるが、そんな彼も恋に悩んだことがあるからおもしろい。

幕末のころ、山県がまだ狂介と呼ばれ乱暴者として知られていたころのはなしである。馬関の豪族石川良平に娘がおり、これが絶世の美人で馬関小町とまでいわれていた。名を友子という。これを見た山県は、一目惚れしてしまった。その美しい姿は脳裏をはなれることはなく、一日として忘

〈山県有朋年表〉

一八三八　長門国、長州藩で生まれる
一八六三　奇兵隊軍監
一八六八　戊辰戦争で越後、奥羽を転戦
一八六九　渡欧して各国の軍制を視察
一八七二　陸軍大輔
　　　　　徴兵制実現
一八七三　初代陸軍卿
一八八五　第一次伊藤内閣の初代内務大臣
一八八八　内務大臣として市制・町村制を

れることができなかった。彼は、ぜひ友子を妻に迎えたいと思ったのだが、どうしようもなく一人で悶々として思い悩んでいた。負けず嫌いの山県も、恋の悩みには勝つことができず、とうとうその胸の内を友人に打ちあけた。

そこでその友人が、父親の石川良平に相談したところ「あの乱暴者の山県狂介にはうちの娘をやることはできない」とことわられてしまった。あっさりと失恋してしまったのである。これを聞いた山県は、「張りつめた心は失望と共に一時にゆるんだ。沈痛にうなだれた彼の面は、傍らの見る目にも気の毒なほどであった」(『山県元帥』)というほどにうちひしがれていたという。

しかし、その後山県は幕末の長州にあって、その一翼をになって活躍し、倒幕運動の中心になる

一八八九　第一次山県内閣組閣
一八九〇　府県制・郡制を制定
教育勅語発布
一八九一　内閣総辞職。以後、元老として政界に君臨
一八九四　日清戦争で第一軍司令官、大本営監軍兼陸相
一八九六　山県・ロバノブ協定を締結
一八九八　第二次山県内閣組閣
一九〇〇　治安警察法を制定
一九〇四　日露戦争で参謀総長
制定
一九二一　宮中某重大事件（皇太子妃選定問題）で失脚

ほどになった。そこで今度は、石川良平のほうから嫁にもらってくれないかということになったのである。一発逆転である。山県有朋、三十歳のときであった。友子夫人とは、明治二十六年九月に夫人が死去するまで二十六年間連れ添った。容貌のみでなく、やさしい万事にいきとどいた賢夫人であったという。

若いころは血気盛ん？

何事にも慎重で、晩年には謹厳そのものというイメージのある山県だが、若かりしころ吉原で旧幕府軍兵たちとあわや一戦交えるかという目にあったことがある。

江戸城開城まもなくのころである。おくれて江戸に入った山県らが、山谷の料亭まで料理を食べに出かけた。そのころの江戸のことである。江戸城は開城されたとはいっても、市中にはまだ旧幕府勢力がまだ根強くあり、治安もおだやかではない。まして江戸っ子連中は薩長などに反感を持つものが多かった。つまりまわりは全部敵である。山谷までは昼中だったのでなにもなかったが、その後ほろ酔い気分で吉原に出向いた。楼閣に上がって一杯飲んでいると、一行のなかのひとりが酔いにまかせて突然街中で拳銃をぶっぱなした。たちまち旧幕兵の乳虎隊連中に取りかこまれてしまった。あいては薩長憎しでなにかあったらと機会をねらっている兵たちである。素直に治まるべくもない。押し問答を続けたあげく、乳虎隊の本陣へ連れていかれることになってしまった。しかたなく山県らが吉原堤を歩いて行くと、運よく市中取締りの佐賀藩の一行に出会った。どう見ても酔っぱらって銃をうった山県らの分が悪い。しかしなんとか取りなしてもらって帰ってきたのがもう夜があけるころであった。

のちに山県はこのことを回想して、

「あのときはどうなることかと顔色を失ったよ。事件そのものは恐ろしくないが、こんなくだらないことで首を切られたらこんな不名誉なことはないからな」

と笑い話に語っていたという。

山県が政界汚職事件のはじまり

切っても切れないものはたくさんあるが、そのなかでも一番強いのは政治家とカネであろう。リクルート事件を持ち出すまでもなく、政治家の収賄事件というのはあとをたたない。しかし、この原因を作ったのが山県有朋だったのである。

山県と共に奇兵隊で幕末を戦った野村三千三は、明治になると政治家にはならずに実業家を目指した。三千三はまず、開店資金として木戸孝允らから五百円を借りて、山城屋という店を始めた。そして銀相場で約一万円ほどあて大儲けをして、横浜に貿易商の店を開くなど、順調に商売を続けかなりの商人にのしあがっていったのである。というのも新政府には、知り合いが多くいろいろと便宜をはかってもらえるし、とりわけ山県とは共に戦った間柄でもあり、陸軍についての御用は山城屋が一手に引き受ける、という具合いだったからなのだ。

この「癒着」で、いくらリベートがわたされたのか、どんな便宜をはかったのか、という収賄を裏づける証拠は残っていないのだが、いわゆる「政商」といわれるほどになったのだからその癒着ぶりはかなりのものだったのであろう。

ところが、この幸運が続いたのは野村が貿易について調べるためヨーロッパへ行くまでだった。主人の居ぬ間に、手代たちが投機相場に手を出して大損したのである。それは当時の金で八十万円という大欠損であった。五百円で店が出せて、一万円で大儲け、という時代なのだから、この金額がいかに途方もないかわかるだろう。帰国した野村は仰天して山県のところへ泣きついた。そしてその翌年納入する代金として八十万円を先借りした。いくら山県が権力をにぎりすべてを統括していたにしろ、そのような大金を

あっさり融通するという関係は普通ではない。

そして悪いときには悪いことが重なるもので、旧暦から新暦への改善が行われることになった。借金の決済日である大晦日が二十日も早まったのである。四方八方手を尽くしたがどうにもならず決済の延期を頼んだのだが入れられず、必ず返すから帳簿上だけでも返済したことにしてくれとたのむと山県もしぶしぶ承知した。

ところが勢いづく山県を追いおとそうとする勢力から、権力争いのかっこうの材料として利用され窮地に立たされることになる。なんとかこの立場を抜け出そうといろいろ策を講じたが、どうにもならずとうとう野村は、兵部省の教師館室で切腹してしまった。

山県は責任をとって明治六年四月、大輔の職をしりぞいた。このとき、なおも厳しく追求しこの機会に長州勢をつぶそうとする動きを西郷が、

「山県は職を辞すことで責任をとっている。まだ文句があるのならおいどんが聞きもうそ」といって押しとどめた、という話がある。

結局、この後しばらくして山県は職に復し、その後総理大臣にまでなるのであるが、政治家と財閥の結びつきや汚職事件への不感性といった政界の体質を作ってしまった山県はやはり非難をまぬがれないであろう。

木戸孝允

維新三傑に名を残す長州男児

逃げの小五郎

維新の三傑としてその名を連ね、新政府においては木戸孝允として、幕末には桂小五郎として名をはせた桂も、一時は〝逃げの小五郎〟というありがたくないアダ名をもらっていた。

元治元年（一八六四）六月五日夜、尊攘派の集まっていた池田屋を新撰組が襲った。このとき、吉田稔麿を初めとして、約二〇人の志士たちが斬られ捕らえられた。この会合には、桂小五郎も参加するはずであったが、彼は池田屋へは行ったが、刻限が早すぎて同士が来ていなかったので、対馬

〈木戸孝允年表〉

一八三三　長門国、長州藩医・和田昌景の子として生まれる
一八四九　松下村塾で吉田松陰に師事
一八五二　江戸で斎藤弥九郎に剣術を学ぶ
一八五三　江川太郎左衛門に西洋砲術を学ぶ
一八五八　江戸詰めとなり尊攘派の志士たちと交友を深める
一八六三　八・一八の政変後、京都に残り隠密行動をとる

藩邸に立ち寄っているときに変事が起きて、あやうく難を逃れたのである。

そして新撰組を初めとする幕府側勢力の志士の探索が始まった。京に吹き荒れた志士狩りの嵐はすさまじく、長州藩士というだけで問答無用に斬られたりした。桂小五郎も身をひそめていたが、ある日、ぶらりと歩いているところを新撰組に見つかり、取り囲まれてしまった。

「お前は桂小五郎だろう。取り調べるから奉行所に来い」

「いや、私はそんなものではない」

「嘘をいってもだめだ。とにかく奉行所へ行けばわかることだ」

といって取り押さえられて連行された。その途中桂は突然、

一八六四　池田屋事件で新撰組に襲撃されるが難を逃れる
一八六五　帰藩して大村益次郎とともに藩の軍制を改革
一八六六　坂本龍馬の仲介で、西郷、大保と薩長同盟締結
一八六八　西郷・大久保とともに維新の三傑として政治に参加
　　　　　五箇条の御誓文起草に参加
一八六九　版籍奉還の必要性を強調
一八七一　廃藩置県を実現
　　　　　岩倉遣外使節の副使として渡欧
一八七〇　参議になる
一八七三　内地優先の立場から征韓論に反対
一八七四　大久保の台湾出兵に反対し下野
　　　　　明治天皇の補佐役に
一八七六　内閣顧問に

「甚だ失礼な次第だが、昨夜から腹を痛めて下痢気味で、甚だしく便通を催してきたから、暫くお待ち願いたい」

といい出した。彼は、

「大小を預け袴を脱いで、そのまま往来の真中に屈んで大便をすると、臭気粉々として鼻持ちがならんので、彼らも少しく側を離れて向こうを向いて話をしながら立って居る、その隙を身澄まして、一目散に逃げ出しました。之を見た新撰組の者は大いに驚いて直ちに後を追懸しましたが、既に及びませんでした」（『防長史談会雑誌』第27号）

まさに見事な逃げっぷりである。捕まっていたずらに命を落とすのなら、可能性のあるうちは生きのびる。桂小五郎にとってはそれが〝志士の道〟であったのだろう。

木戸と幾松の恋

勤皇の志士・桂小五郎（木戸孝允）と京都三本木の芸者・幾松。動乱の血なまぐさい時代のなかで、ふたりの間に恋が芽生えた。

幾松は京都で芸者をしていたくらいだから、当時市中を徘徊していた尊攘派の志士たちとは、かなりの交流をもっていたはずだ。しかも、とびっきりの美人とくればさぞか

し人気のあったことだろう。さまざまな、それこそ星の数ほどいる志士のなかで、なぜ幾松は桂を選んだのだろうか。

桂の気性に惚れたのだろうか。それとものちの〝維新の三傑〟といわれるほどの男だから十人並の志士とは違う、その才能に惚れたのだろうか。それとも斎藤道場できたえた、剣の腕前に惚れたのだろうか。

桂の剣の腕前については、それを裏付けるような血なまぐさい、壮絶な出来事はあまり見当たらない。前述の〝逃げの小五郎〟などというあまりありがたくないアダ名をもらっていたところを見ると、実力をあまり表面に出さないタイプだったのかもしれない。

加えて桂は、いいところのお坊っちゃんで

あった。育ちがよく、俊英であった。このことから考えると、維新を背負ってたったほどの男だからそれなりの行動力を伴った強さは持っていたろうが、それと同時に精神的な弱さもあわせ持っていたのではないだろうか。

幾松はこの桂の弱さにひかれたのかもしれない。いつの時代でも、母性本能を刺激するタイプの男に女性は弱いものだ。

単純・素朴な人柄

長州藩のなかの強硬な攘夷派を抑えるために、元治元年（一八六四）八月、アメリカ、イギリス、オランダ、フランスの四か国連合艦隊が、下関を砲撃した。これは、長州藩が今まで行った外国船砲撃に対しての、報復でもあった。

この事件で攘夷の無謀を知った長州藩は、次第に尊皇攘夷から、尊皇討幕へと方向を転換していった。

そこで長州藩は、薩摩藩と手を組まなければならない状況になった。いわゆる薩長連合である。このとき長州藩の代表として活躍したのが、桂小五郎である。

慶応二年（一八六六）、桂はひそかに薩摩にはいり、西郷、大久保と会談した。それから十日後、坂本龍馬の仲介によって、薩長同盟が成立した。これはたんなる雄藩の連合という側面だけでなく、討幕を強く意識した軍事同盟であった。このとき桂は三十四歳であった。

この会談についてはいろいろなところで語られているが、集約してみるとどうも桂はパッとしない。グズグズして返事を渋っている。龍馬や西郷が威勢よく、毅然としているのに対して、どこか女々しいところがある。

このことについて、劇作家の福田善之氏は「日本史探訪」のなかで、

「やっぱり桂ってのは女々しいんだ、っていうふうにしか見えない。彼の気持ちに同情して書こうと思っても、どうもできない。だから、かえって私は桂の気持ちがわかるんですよ。久坂玄瑞を失ったり、それからそのほかに、もし薩摩との確執がなければ、つまり薩摩が敵でなければ、済んだというか、流さなくてもいい血が、たくさんあったわけだが、桂はそれにこだわるというか、それをケロッと忘れたりできない政治家なわけで、それはつまりダメな政治家なんだけれども、そういうのをスパッと切り捨てる冷酷な大政治家より、気持ちはわかりますよ。

それは普通に言うと、きわめて普通の人間のことですよ。普通の人間の心境だと思う

んです。やっぱり、親友を殺されたり、それから、そういう中で流された血を忘れることができないっていう考え方っていうのは、これやっぱり、人間として普通のことですよね」と語っている。それだけ人間味を持った政治家だったのかもしれない。

四章

動き出した新政府

近代日本の原型を作り上げた時代

新政府が設立しても、諸藩、とくに倒幕に参加した藩士たちはいぜん力を持っており、旧来の大名によって統治されていた。そこで新政府は、権威を高め世界情勢に対処するためにも、統一国家の建設を急ぐ必要があった。そのため、木戸孝允、大久保利通らが中心となって、一八六九年（明治二）一月、薩摩、土佐、長州、肥前の四藩主を説得して、領土と人民の返上を朝廷に願い出させた。これが版籍奉還である。

いちおう中央集権の体制は整ったものの、まだ藩内における封建的関係はそのまま残っていた。これに対処するために、岩倉、西郷、木戸ら新政府の首脳部は、薩摩、長州、土佐の三つの藩に兵を出させて、この武力を背景に、廃藩置県を実行した。

これにより、封建的体質は崩壊し、近代的な中央集権制・統一国家が確立したが、新政府の権力はもっぱら薩摩、長州などの藩閥出身の官僚が実権をにぎり、藩閥政府と呼ばれる官僚政治のはじまりとなった。

　開国以来、欧米の文化流入にともなって、日本の思想界も多大な影響を受けた。とくに、自由主義、功利主義などの思想が受け入れられ、福沢諭吉、中村正直、森有正らは明六社を結成し、「明六雑誌」を刊行して、封建制を批判した。なかでも福沢は『学問のスヽメ』『西洋事情』『文明論之概略』などの著書を著し、当時のベストセラーとなった。

　こういった思想の流入にともなって、自由民権が新しい政治の指標や基本理念となった。

　このころ、征韓論に敗れて下野していた元参議の板垣退助、江藤新平、後藤象二郎、副島種臣らは、一八七四年、民撰議院設立建白書を提出して、政府の独裁政治を攻撃した。

　板垣は同年、土佐で立志社をつくり、国会開設の運動をすすめ、一八七五年愛国社を設立した。

　これに対し政府は、立憲体制を進めることを約束して板垣を政府側に取り込む一方、新聞紙条例や出版条例を公布して、反政府の言論を厳しく取り締まった。

西南戦争の後、政府の政策に不満を持つ、中小資本家や地租の軽減を要求する地主などを巻き込んで、自由民権運動が激化していった。自由民権派は一八八一年、国会期成同盟を組織した。

政府内では、大隈重信が憲法制定・国会開設の早期実現を主張したため、民衆を抱き込んでいる可能性があるとして、大隈を政府から追放した（明治十四年の政変）。同時に、詔勅を発して国会を十年後の一八九〇年に開くことを宣言した。

国会の開設時期が示されたことで、自由民権運動の結社は、政党へと発展した。一八八一年、板垣を総理として、自由党が結成され、翌年、大隈重信を党首として立憲改進党が組織された。

一八八二年の後半になると、自由民権運動にもかげりが見えはじめ、混乱と分裂の動きが目立ちはじめてきた。この原因には、政府の厳しい弾圧の他に、国内経済の混乱があげられる。

　こうした国内経済の混乱で、民衆の生活が圧迫されると、各地で圧政に対する反対運動が起こった。福島事件を始めとして、高田事件、群馬事件、秩父事件などが、相次いで起こった。

　こうした社会情勢のなかで、伊藤博文は一八八五年、内閣制度の制定にともなって初代総理大臣に就任し、本格的に憲法の起草にとりかかった。そのため一八八八年、枢密院を設け、初代議長の座についた。

　一八九〇年、伊藤らのつくった憲法起草案は、枢密院で審議されたのち、大日本帝国憲法として公布された。

　同年七月、約束通り第一回衆議院総選挙が行われ、第一回帝国議会が招集された。

　これで日本は近代政治の形態を本格的に整えたことになり、内政を整理しつつ、国外へ目を転じることになる。幕末・維新の激動の時代を生き抜いてきた勇者たちは、日清・日露戦争と、今度は外国を相手に新たな戦いに突入していくことになる。

「日本最初の総理大臣　伊藤博文」

英雄色を好む？

伊藤博文は、初物好きということでよく知られている。事実、政治的に重要な地位に一番最初についた。明治十八年（一八八五）、初代の内閣総理大臣兼宮内大臣になり、明治二十一年（一八八八）、枢密院議長の座につき、明治二十三年（一八九〇）貴族院議長、さらに明治三十八年（一九〇五）には、韓国総監となった。

この伊藤の初物好きは女性に対してもそうであったといわれるが、実際彼はかなりの艶福家であった。医者として長く日本に滞在し、明治の著名

〈伊藤博文年表〉

一八四一　長州藩士・伊藤十蔵の子として生まれる
一八五六　松下村塾に学ぶ
一八六四　四国艦隊下関砲撃事件後、列国と和議交渉
一八七一　岩倉具視遣外使節団の副使として欧米を視察
一八七三　征韓論を制圧
一八七八　内務卿に

人とも交遊のあったドイツ人ベルツは伊藤の言葉として、

「終日国務に鞅掌し、頭がグラグラする時、晩酌を傾くるに、制服着用の結侍よりも無邪気にして綺麗なる芸妓の手のほうがなんぼう慰めになるか知れぬ」（伊藤博文伝・下巻）

と記している。それだけに、明治になり重要な政務を担当したころにはかなりいろいろと遊んでいたらしい。しかし、そんな伊藤を影からささえ、なにくれとなく面倒をみたのが梅子夫人であった。

客の出入りの多い家を守った賢夫人である。ときには伊藤の相手の女の面倒までみたこともあったという。

伊藤は初め、共に松下村塾に学んだ入江九一と野村端（のち第二次伊藤内閣の内相）兄弟の妹で

一八八一　明治十四年の政変で大隈重信を政府から追放

一八八五　初代総理大臣に内閣制度を創設

一八八八　枢密院を設置、議長に

一八八九　大日本帝国憲法を発布皇室典範制定

一八九二　第二次内閣を組閣

一八九四　日清戦争を強行

一八九八　第三次内閣を組閣

一九〇〇　立憲政友会を結成、初代総裁に第四次内閣を組閣

一九〇三　山県有朋らとともに元老に

一九〇五　初代・韓国統監

一九〇九　ハルビンで暗殺される

あるすみ子と結婚したが、維新の盛んなときでもあり、あまりいっしょにいることもできず、まもなく離婚した。そののち、下関で芸者をしていた梅子と結婚したのである。この女性は肝の座った度胸のある人で、幕末のころ伊藤が奔走していたころに、エピソードがある。しばらく消息をたっていた伊藤がある日突然帰ってきて、

「今日が最後になるかもしれない」

という。幕府側の見回りがきびしく命の保障ができないときだった。夫に食事をさせようと用意をしていると、「見廻り」があらわれた。彼女はとっさにうしろの押入に伊藤をかくした。

「伊藤が帰っているはずだが」

「いえ帰ってはおりません」

「そんな訳はない。かくしだてするつもりか」

とどなって大刀を抜いて畳にズバッと突き刺した。それでも彼女は悠然としてそれを受け流したという。

　また、伊藤がハルビン駅頭で暗殺されたとき、その報せを聞いて少しも動ぜず弔問客らの泊まる宿を手配したという。伊藤もこの婦人を深く敬愛していたのだけれども「英

雄色を好む」というように、その女好きは変わらなかった。

一つのことにこだわらない伊藤流処世術

　若いころの伊藤は、波瀾にとんだ、激情的な生活を送っている。熱烈な攘夷論者であった彼は、高杉がみずから〝狂挙〟と呼んでいる、御殿山の英国公使館焼き討ち事件にも参加している。

　これだけならただの過激派なのだが、さすがは伊藤、ちょっと違う。攘夷を唱えこそすれ、めくらめっぽうに、外敵を排除、攻撃するという性格のものではなかったらしく、英国留学生派遣の話を聞きつけると、ちゃっかり自分を売り込んで、この一員に加わったりしている。

水夫としてこき使われながら、やっとの思いでたどりついたロンドンで、伊藤は、イギリスの絶大な国力を見る。日本の軍事力などこれに比べれば赤子のようなものだ。

伊藤は攘夷の無謀を諸藩に知らせるために、半年で帰国の途についた。

伊藤が密航？

師・松陰が密航を企て、失敗してのち十年後の文久三年のことである。ある人に頼み込んで、外国行きの船に乗せてもらう約束を取りつけた。しかし、伊藤らは、幕府の禁制の人である。つまり、海外渡航を禁じられているのだ。

それでも、渡航を決意した伊藤らは、西洋に行くのだからと、まず横浜に買い物に出かけた。そのころの横浜というのは、あっちこっちにバラバラと何軒かの家があるぐらいでとても町の姿はなしていない。それでもとにかく店に入ってみたのだが、洋服といっても古着のようなもの、しかも水夫が着るようなものばかりで、ろくなものがない。しかたなく古着を買って、こんどは靴屋に行った。ところが、ここにおいてある靴は一足で両足が入ろうかという大きなものばかり。しかも当時はみな髷を結っているから、洋服に靴をはいた姿は、奇妙なものであった。しかたなく、船を待つ間に断髪になったのだが、これもまた妙なものであった。

いざ出航という段になって、船長がやっぱり禁制の人を船に乗せるわけにはいかない、といいだした。断髪姿で放りだされても、このまま外にでれば、捕らえられて、殺されてしまう。ならばいっそここで切腹する、と伊藤たちはいいだした。

これには船長も驚いて、しぶしぶ伊藤らを船に乗せたのだそうだ。このときの一行は、伊藤、井上馨ら五名であった。

山県と伊藤のライバル関係

山県と伊藤は、幼少のころからほぼ同じ経路をたどり、明治新政府に至っては、ともに総理大臣になるなど終生のライバルだ。

両者とも長州藩中間組というごく軽輩の武士の家に育ち、松下村塾で、松陰の影響を受け、尊攘運動に没頭し、明治新政府では中核的役割を果たす。世代的に見てもほぼいっしょで、伊藤のほうが山県よりも三つだけ若い。

二人の表舞台へのデビューは、日米修好通商条約勅許問題と将軍継嗣問題が複雑にからみあい、朝廷、幕府入り乱れて混乱を究めている京都であった。四人の同僚とともに、藩から選ばれて派遣されたのである。

ここ京都で、諸藩の有志たちに接したことは、伊藤にとっても山県にとっても大変いい勉強になった。

伊藤はこのときすでに松陰のもとで学んでいる。思想的影響を多大に受け、若輩ながらも国を憂えるいっぱしの憂国家になっていた。伊藤の才能について、師・松陰は、

「なかなかの周旋家になりそう也」

と、語っている。

いっぽう山県は、久坂の勧めで京都から帰藩してから、松下村塾に入塾している。同じ年の十二月に松陰は野山獄に投獄されているので、直接松陰に接した期間は少ない。それだけに、影響は受けながらも、伊藤とはまた違った反応を見せる。

ある日山県は、松陰に、

「君は死することができるか」

と問われた。これに対し山県は即答をさけて、一日考える時間をもらい熟考した上で、翌日、「私は国家のためならば死することができます」

と答えたという。伊藤ならば即座に、一も二もなく同じことを答えていたことだろう。若いながらも、物事に対して冷静に、そして慎重に対処する山県の性格がうかがえる。

この二人、この後政界において終生のライバルになるとは、さすがの松陰も予想できなかったのではないだろうか。

憲法起草ウラ話

伊藤が憲法を作るための調査が目的で、初めて海外を訪れたのは明治十五年三月三日のことである。伊藤はドイツに滞在し、欧米先進国の憲法をたんねんに調べて、八月四日に帰した。翌年に制度取調局を設け、伊藤自らがその長官となり、寺島宗則、金子堅太郎、伊東巳代治、井上毅らが取調委員となって、草案作りのための実質的な活動が始まった。

しかし、当時中国（清）問題をかかえていた伊藤は、条約締結などで奔走しており、なかなか時間がとれなかった。そうこうしているうちに、明治十八年には、内閣制度ができて、ようやく草案作りに本腰をいれられるようになったのは、明治十九年も半ばのころであった。

ここでおもしろいエピソードがある。

井上、伊東、金子が中心になって、伊藤と相談しながら起草案をねっていたのだが、なにせ多忙な伊藤のこと。東京では来客も多く、忙しくて落ち着いて仕事ができない。そこでこのわずらわしさをさけるため、金沢の東屋で起草することになった。三人は伊藤とともに、東屋にはいった。この夜、なんとこの東屋に泥棒がはいり、伊藤のカバンが盗まれてしまった。しかもこのなかには、憲法の起草案がはいっている、という。大騒ぎになって捜しまわったら、この泥棒、金だけが目当てだったらしく、金品だけを奪い取ると、カバンはさっさと畑に放り投げて逃げてしまった。

ただの泥棒だったからよかったものの……政敵が送ったスパイだったら……ヒヤっとする一瞬だった。

鹿鳴館で乱チキパーティー?

今の時代でも、西洋かぶれした人たちはたくさんいるが、文明開花の波が押し寄せていた、明治二十年代、鹿鳴館の時代はそれこそひどかったらしい。

伊藤博文主催で、明治二十年、仮装舞踏会が開かれた。当時といえば何でもかんでも西洋をまねるに限るというわけで、舞踏会やら仮装会やらオープンな男女交際まで、それこそ何でも西洋を持ち込んだ。それはたいそう痴戯を極めたそうで、井上馨が西洋の道化師の扮装をしたり、山県までが緋縅の鎧に長柄の槍を横たえ、武将気取り。末には、人種改良会などというあやしげなものまで出る始末。日本人をもっと優良な人種にしようというのだろうが、某大臣の夫人が混血児を出産する事件まで発生して、見兼ねた三島通庸が、

「お前も嬶を毛唐の自由に委せる気か」

とどなりこんで、なんとか人種改良会はおさまった。

あっけない最期

明治四十二年十月十二日、伊藤は、満州視察と称して、東京を出発し、途中大磯に二泊し、十六日馬関から浮船鉄嶺丸に乗り込んで大連に向かった。

この伊藤の行動は、すでに外電で諸外国にも伝わっておりロシアの蔵相ココウッオフとハルビンで会談が組まれた。大連を経て二十三日、ハルビンにはいった伊藤は、列車のなかで約二十分会談した。

その後プラットホームに降り、川上領事を先導として、整列して出迎えるロシア将校や外交団に軽く会釈をしながら、用意された馬車のほうに向かおうとしたとき、韓国の青年・安重根というものの手で、背後から七連発の銃で数発の射撃をうけ、重傷を負った。いったん車内にかつぎこまれ、応急手当てをうけたが、まもなく死亡した。

幕府・新政府両方で活躍した才人

榎本武揚

〈榎本武揚年表〉

一八三六　御家人・榎本圓兵衛武規の子として生まれる
一八四七　昌平坂学問所で学ぶ
一八五六　長崎の海軍伝習所で海軍操練・航海術を学ぶ
一八六二　オランダ留学
一八六六　帰国後、軍艦奉行
一八六八　箱館五稜郭を占拠、共和政府をつくり官軍に対抗

江戸っ子榎本

榎本武揚は、典型的に江戸っ子であった。特にその江戸弁は一生変わることがなく、最後までべらんめえ口調で、外国に行ったとき、買い物をしていて、「まからねえか」と、大声でいったところ、先方は驚いて、間違えて、マカロニを持ってきたのだそうだ。

謹厳で実直な性格

榎本は、幕府に対しては終身、臣下の礼を尽くした。慶喜が公爵になったときの話で、こんな話

がある。

旧幕臣がそろって祝宴を開いた。そこで、記念のため写真をとろうということになった。できあがってきた写真を見ると榎本の姿がない。どうしたことかと榎本に問い合わせると、「旧主と一緒に撮影するなどという、失礼なことはできぬ。だからご遠慮申し上げた」

と語ったそうである。榎本の実直で一徹な性格がうかがえるエピソードだ。

数々の要職についた榎本の利用法

今も昔も同じことだが、総理大臣が組閣するときには、総理大臣の思惑の他にある種の特殊な力が働く。今でいえば派閥力学だ。これはもちろん今にはじまったわけではなく、第一次伊藤内閣の

一八六九　黒田清隆の勧告で帰順降伏
一八七二　特赦により出獄、北海道開拓使になり開拓に尽力
一八七四　海軍中将兼駐露公使
一八七五　特命全権公使として、千島・樺太条約を締結
一八八二　清国公使。その後、海軍卿、逓信大臣、文部大臣、枢密院顧問を歴任
一八八五　甲申事変の天津条約締結で伊藤博文を補佐
一八九一　第一次松方正義内閣の外務大臣、その後農商務大臣

ときすでに、その兆候は見られていた。というのは、薩摩閥と長州閥の兼ね合いである。このときは、薩摩　四、長州　四、土佐　一、旧幕府関係　一、という構成であった。

二つの派閥に均等に大臣が振り分けられているわけだが、枠いっぱいを二つの派閥で占めることはしない。枠いっぱいを使えば余裕がなくなり、どこかに必ずきしみが生じる。どこかにクッションが必要だ。今も少数派閥に一ないし二のポストを与えることで、クッションをつくっている。明治三十一年の大隈内閣組閣のとき、このクッションの役割をしたのが、榎本武揚である。榎本は、外交官としてつちかった見識はもとより、物理、化学などの面の知識にも秀でていて、主流派にしてみれば、便利な存在であった。使い捨てにされる可能性もあるが、貴重な人材だったわけである。

黒田と榎本の不思議な友情

大政奉還により武家政治の幕が降ろされたのは、慶応三年（一八六七）のこと。このとき榎本は、まだオランダから帰国して半年しかたっていないころだった。彼は国内の動乱を把握する余裕もなく、いやおうなしに時代の渦中へと引き込まれていった。

翌年、榎本は開陽丸ほか八隻の旧幕府軍艦を率いて、品川沖にいた。戊辰戦争に勝利をおさめた新政府軍は、榎本に対して、軍艦の引き渡しを要求した。榎本はこれを拒絶し北へ進路をとった。

北海道に向かう途中、房総沖で暴風に襲われ、咸臨丸以下二隻の軍艦を失うが、同年十月二十日、蝦夷地の鷲の木に上陸。同二十五日、函館五稜郭を占領した。榎本はこの地に共和政府の樹立を夢見ていた。

これに対し新政府軍は、一八六九年三月九日、八隻の艦隊を派遣し、蝦夷地の攻略に着手。榎本軍は、五稜郭にたてこもり、新政府軍と激しい攻防をくりひろげた。

新政府軍はまず、村山次郎率いる五十人の遊軍隊とゲリラ部隊を派遣し、榎本軍の内部破壊と、情報収集に努力した。同志の一人が砲台に潜入し、大砲を破壊、榎本軍が復旧に手間取っている間に、新政府軍は総攻撃をかけ、ついに榎本軍は降伏した。

この事件の終結により、一連の戊辰戦争は幕を閉じた。切腹を覚悟した榎本は、一冊の本を黒田清隆に送った。その本とは『海律全書』である。正式には『海の国際法規と外交』という本で、日本が国際社会のなかで生き残っていくためには、絶対に必要な本であった。この本を自分たちを倒した敵である官軍に与えようというのである。

榎本の頭には、日本の将来の姿が浮かんだ。敗れて散っていく自分がこの本を持って

いても何の役にも立たない。これは新政府にこそ必要なものだ。すでに榎本の頭のなかからは私情は消えていた。黒田はこれを受け取って、大いに感服したという。黒田は榎本の才能を惜しんだ。というより、今、絶体絶命の危機に立たされている人間が、祖国の将来を考え行動する姿に心を打たれていた。黒田は榎本という一個の人間に惚れ込んでいたのだ。

この後、黒田は榎本の助命嘆願のために、政府要人の説得に奔走する。黒田は頭を丸めてまで、西郷、大久保らを熱心に説得し、ついに榎本の命は助かった。この後、榎本と黒田の間には、強い友情が生まれ、榎本は新政府という表舞台でその才能をいかんなく発揮することになる。

近代政治の確立者

「大隈重信」

健康が一番？

大隈は大正十一年、八十五歳で没したが、この当時としては、かなりの長寿である。当然、彼はいつも健康に留意していた。

朝食後は必ず牛乳を一合飲み、庭園の散歩をかかさなかった。酒を慎み、午後三時に入浴するなど、規則正しい生活を続けた。

また、大隈は体温や体重をよく計っていたそうだ。体重は晩年でおよそ六十二キロ、身長は約一八〇センチで、外国人と並んでも、見劣りしない体格だった。

〈大隈重信年表〉

一八三八　佐賀藩士・大隈信保の子として生まれる
一八四四　藩校弘道館の寮にはいる
一八五六　長崎で蘭学を学ぶ
一八六三　長州藩の下関外国船砲撃を援助
一八六八　浦上事件の交渉にあたる
一八七〇　参議に
一八七三　大久保、木戸らと征韓論に反対
一八七五　岩崎弥太郎の三菱汽船会社を保

演説の名手

大隈は演説の名手だった。民衆を引きつける政治家というのは、常に自分をアピールする方法を知っており、大隈もその例にもれなかった。

大正四年の総選挙のときに吹き込まれたレコード『憲法に於ける輿論の勢』のなかで、大隈節はさえわたる。「であるんである」という口調が世に知れわたった。

この選挙、大隈の演説の名手ぶりを語るもうひとつのエピソードがある。大隈は地方遊説のさい、「車窓演説」というのを行なった。列車が着くたびにその場で演説しようというのである。その回数、多い日には一日二十回を越えたというが、一度として、同じ内容の演説はしなかったそうであ

護
一八七七　西南戦争で事務局長官に
一八八一　開拓使官有物払下げに反対　伊藤、山県らと衝突し下野
一八八二　立憲改進党を結成、初代総理になり、自由民権運動の一翼をになう
一八八四　立憲改進党を脱党
一八八八　第一次伊藤内閣、黒田内閣の外務大臣になり条約改正に尽力
一八八九　玄洋社員・来島恒喜に爆弾をなげられ片足を失う
一八九六　進歩党結成
一八九九　板垣と合同して憲政党結成。史上初の政党内閣を組織
一九一四　第一次世界大戦に参加
一九一五　対華二一カ条の条約を強行

る。

聴衆の性格や、その土地柄に合わせ、臨機応変、自由自在に演説する大隈の姿は、聴衆を引きつけてやまなかった。

ヒゲにたよらず

この時代の政治家は、ほとんどといっていいくらいヒゲをはやしている。大久保、伊藤はじめ、黒田清隆、井上馨、松方正義、すべてそうである。

これはいわば、権力の象徴として、民衆を威圧するための道具として使われていたようだ。

そんな時勢のなかで、大隈だけはヒゲをはやしたことがなかった。ヒゲがもともと薄いとか、元来の清潔好きがそうさせたといえなくもないが、大隈は、自分自身のポリシーとして、ヒゲをはやすのをやめていたようだ。官僚ぶることが嫌だったのかもしれない。

大隈自身、

「ヒゲは、かつての戦国大名に見られるごとく、敵を心理的に圧迫し、領民に力を示す

道具であり、武装の一つに他ならぬ」と、語っている。

民衆をバックに戦う政治家・大隈には、最初から必要のないものかもしれない。

大隈出世のきっかけになった事件

慶応四年～明治六年にかけて、長崎・浦上で、開国後、信仰を表明したキリスト教徒に対する弾圧事件が起きた。これを浦上信徒弾圧事件という。

慶応元年三月、浦上の隠れキリシタンが信仰を表明したが、慶応四年、五榜の掲示が掲げられてキリスト教を厳禁。英国公使パークスらの抗議にもかかわらず、浦上の信徒約三千四百人を逮捕した。

パークスらはなおもしつように抗議し、新政府側は、大坂で会談を持つことになった。このときの政府側の代表が大隈重信である。このとき、大隈は弁舌を駆使して、パークスらに対応し、大久保、岩倉らの列席者を感嘆させ、政府の中枢に躍り出ていく第一歩となった。

以下、大隈とパークスの会話。

パークス「私は英国皇帝の名において政府を代表してここにいるのだ。いっかいの書生と折衝しにきたのではない。無礼ではないか」

岩倉「大隈は正式な政府の代表者です。是非この者と交渉願いたい」

大隈「パークス閣下、あなたが英国皇帝の御名において交渉の座についておられるのなら、私も天皇陛下の名において政府を代表している。私と話ができないというのなら、浦上事件に対するそちらのいい分は、撤回すると思っていいのですね」

この時点で交渉は、ギクシャクした状態になった。パークスが宗教の自由を名目に浦上事件に対する、政府側の処置を解除するよう厳しく追及すると、大隈は、過去のヨーロッパの一連の歴史の流れを引用して対応した。これにはさすがのパークスもまいったらしくひとことも反論できなかった。

　パークスが困っているのを見て、介添役の英国公使館員・ミットホルトは、

「わが公使は、先ほどから腹いたのようだが……」

と助け船を出した。大隈はこれに対して、

「病気ともしらずすみません」

と答えた。ミットホルトは続けて、

「この件についてはだいたい承知しました。善処願いたい」

というと、大隈は、

「人命は大切です。けっして残酷な仕打ちはしない。しかし国法は曲げられない。国法を用いて処置します」

と答えた。この交渉を見ていた、木戸、大久保はその弁舌の巧みさにすっかり感服し、三条（実美）、岩倉は、

「政局多難のおり、中央に踏みとどまってその手腕を発揮してくれるように」

と要請し、大隈は中央の檜舞台に躍り出ていく。

　余談になるが、このとき長崎にいた沢宣嘉は、自分の側近を中央にとられ、

「大隈を中央に連れていくとはなにごとか」

とたいへん立腹したという。

碁にたとえた大隈の人物評

大隈は囲碁の打ち方にたとえて、政府の要人を批評したことがある。

「伊藤はこの位な才子だが、碁にかけてはダメだ。我輩より余ほどヘタである。福沢（諭吉）もこの位かったつな男であったが、碁にかけては痴であった。考えることが長くて相手は実に困った。

岩倉と大久保は、両人なかなか上手であった。だが大久保は激し易い人であったので、岩倉はその呼吸を知っているから、対局中、常に大久保をおこらせて勝を取った。

児島惟謙はなかなか強情張りで囲碁もなかなか人の助言を聞かぬ。どうしても助言を聞かざるを得ないときは、助言に従うとはいわん、その手もあるといって、自分の思いつきとしてやる」

というものだが、なかなかどうして見事にその特徴をとらえている。

大隈がアタマのあがらなかった綾子夫人

大隈重信がこの世で最もアタマがあがらなかった人、それは綾子夫人であった。才色兼備のこの夫人は、大隈の大変な自慢だったようだ。

綾子夫人は嘉永三年（一八五〇）江戸の生まれ。明治二年、十九歳の若さで大隈と結婚した。その後五十年余り、大隈の行くところには必ず夫人がつつましく付き添っていた。当時でもその仲の良さは評判だったようだ。

この夫人は、見た目よりはるかに気持ちの大きな人だったようで、佐賀の乱で刑死した江藤新平の息子・新作を邸内で親身に世話し、世に送り出したことは有名な話である。

大正十二年（一九二三）七十三歳で天寿を全うした。

板垣退助

自由民権運動の熱き指導者

立ち止まれば斬る？

慶応四年（一八六六）、板垣は東山道先鋒総督府・参謀として、会津若松攻略に指揮をとっていた。

板垣の率いる兵は三千。母成峠を越え、戸ノ口原で白虎隊をけちらした。残るは滝沢峠だけ。これを越えれば城はもう目の前だ。板垣は、

「走りながら小便をしろ、遅れるものは斬る」

と奇声をあげて、峠をかけおりた。圧倒的であった。およそ二時間という短時間で決着はついた。

退助はこの戦いにおいて、町民、農民が一致団

〈板垣退助年表〉

一八三七　土佐藩士・板垣正成の子として生まれる
一八六二　山内豊信の側用人に
一八六七　薩摩藩士小松帯刀と倒幕の盟約を結ぶ
一八六八　戊辰戦争で会津攻略で尽力
一八七〇　新政府の参与に
土佐藩の大参事となり、藩政改革に尽力

結して官軍に協力するのを見て、一部の人間だけではなく民衆が等しくオブリージュを意識しなければならないという、後年の自由民権運動の核となる着想を得たといわれている。

板垣の政治理論はめいわく？

板垣は政治に対して、確固たるポリシーを持っていて、どこにいってもその持論をふりかざしていた。その持論とは、

「わが国の政治の通弊は、人民を御し易からしめんとするにある。たとえば馬のようなもので、御し易からしめんとして肢体を衰弱させれば、乗り手は便利であるが、他の馬と競争する場合には役立たぬ。乗り手に御し難いほどの悍馬なればこそ他に勝ち得るわけだから、自分に御し易いように

一八七三　征韓論に破れ、西郷らとともに下野
一八七四　愛国公党を結成
　　　　　左院に民選議院設立の建白書を提出
　　　　　土佐に立志社を設立、自由民権運動を推進
一八七五　愛国社設立
一八八一　自由党結成、初代総理に
一八八二　岐阜で暴漢に襲われる
一八八四　自由民権運動から離脱し、自由党を解党
一八九八　大隈重信と組んで憲政党結成
一九〇〇　憲政党を解党し、立憲政友会に合流

人民を無気力に仕立てれば、その国は列国の競争原理において衰頽を免れぬ」というものであった。あるとき、矢野竜渓が新聞にこの持論を書いてしまった。それを読んだ沼津は、

「いつもあの論が出ることには閉口した。これでもう説法を見合わせるだろう。以後大いに助かる」

と語ったという。よほどいろいろなところで、この持論を展開していたようだ。

板垣死すとも自由は死せず！

明治十五年三月四日、板垣退助は東海道遊説の旅に出かけた。三月十五日に静岡にはいり、名古屋を経て岐阜に到着した。

四月六日金華山麓の神道教院で地元有志主催の懇親会に出席し、演説を終えて会場を出ようとするころ、一人の暴漢に襲われた。

短刀を持ったその男、名を相原といい愛知出身の保守主義者で、板垣の遊説を東京日日新聞で知り、ひそかに暗殺の機会をねらって追尾してきたのだ。

激しい格闘のあと、板垣は側近の内藤魯一に助けられ、一命はとりとめた。このとき、

暴漢に向かって板垣がはいたセリフは有名だ。

「板垣死すとも自由は死せず」

同行した新聞記者の創作だともいわれているが、それはともかく名セリフには違いない。

この事件は当時各地で起こっていた自由民権運動に参加していた有志たちの士気を鼓舞し、運動に拍車をかけた。

自由民権運動に拍車をかけたはやり唄

〝板垣暴漢に襲われる〟の報は全国をいっせいに駆け抜け、各地の自由民権運動の志士たちの士気を鼓舞したが、この事件ははやり唄までも生み出した。これはそのひとつ。

ノットセ節
一ツトセ　人の上には人はない　権利に二重がないからは　此同権よ
二ツトセ　二つともない此の命　自由の為には惜みやせぬ
三ツトセ　民権自由の世の中に　まだ目の醒めない馬鹿がある
四ツトセ　よせばいいのに狐等が　虎面冠りて空威張

五ツトセ　イツ迄待っても開かねば　腕で押すより他はない
六ツトセ　昔思へばアメリカが　独立したのも蓆旗
七ツトセ　ナンボお前が威張っても　天下は天下の天下なり
八ツトセ　大和男児の本領を　発揮するのは此時ぞ
九ツトセ　ここらで血の雨降らさねば　自由の土台は固まらぬ
十ツトセ　所ろ所ろに網を張り　民衆守るが自由党

こうして、民衆たちの団結はいっそう強まっていった。

〈幕末・維新関連年表〉

西暦	年号	主な事件
一八五三	嘉永 六	ペリー浦賀に来航、開国を求める。プチャーチン長崎に来航。
一八五四	安政 元	ペリー再来、日米和親条約締結。吉田松陰、密航を企てるが失敗。
一八五七	四	将軍継嗣問題起こる。吉田松陰、松下村塾で高杉たちに講義する。
一八五八	五	井伊直弼、大老となる。日米修好通商条約無勅許調印。徳川慶福（家茂）第十四代将軍となる。
一八五九	六	安政の大獄により、吉田松陰、橋本左内らが処刑される。
一八六〇	万延 元	桜田門外の変起こる。
一八六一	文久 元	和宮親子内親王、将軍家茂に降嫁。
一八六二	二	坂下門外の変、生麦事件、寺田屋事件起こる。高杉晋作、御殿山の英国公使館を焼き討ち。

一八六三	三	薩英戦争、八・一八の政変起こる。天誅組の乱、生野の変起こる。奇兵隊結成。
一八六四	元治　元	禁門の変、第一次長州征討。池田屋事件、天狗党の乱。
		四国連合艦隊下関砲撃。
一八六六	慶応　二	薩長同盟の盟約。長州再征中止。
一八六七	三	大政奉還。王政復古の大号令。坂本龍馬・中岡慎太郎暗殺さる。
一八六八	四	鳥羽・伏見の戦い（戊辰戦争）始まる。
	明治　元	五か条の御誓文。江戸城開城。
		大村益次郎、彰義隊を征討。榎本武揚、幕府の軍艦で脱走。
一八六九	二	版籍奉還。函館五稜郭で榎本降伏（戊辰戦争終了）。
一八七一	四	廃藩置県実施。岩倉遣欧使節出発。
一八七三	六	徴兵令公布。地租改正条例。
		征韓論争で西郷、板垣、江藤（新平）ら下野（明治六年の政変）。
一八七四	七	板垣、後藤（象二郎）ら民選議院設立の建白。佐賀の乱。

		板垣、土佐に立志社をつくる。
一八七五	八	千島・樺太条約締結。
一八七七	十	西南戦争。
一八八一	一四	国会開設の詔。明治十四年の政変で大隈ら政府から追放。
一八八二	一五	大隈、立憲改進党結成。
		伊藤ら憲法調査のため渡欧。
一八八四	一七	秩父事件。
一八八五	一八	内閣制度制定。第一次伊藤内閣組閣。
一八八九	二二	大日本帝国憲法・皇室典範公布。
一八九〇	二三	第一回帝国議会開会。教育勅語発布。
一八九四	二七	日清戦争。
一八九八	三一	隈板内閣組閣（初の政党内閣）。
一九〇二	三五	日英同盟締結。
一九〇四	三七	日露戦争。

本書の執筆にあたりまして、左記の文献を参考に、また一部引用させて頂きました。慎んでお礼申し上げます。

〈出典一覧〉

「竜馬を斬った男」(今井幸彦、新人物往来社)「板垣退助—自由民権の夢と敗北」(榛葉英治、新潮社)「井伊直弼」(吉田常吉、吉川弘文館)「現代視点　榎本武揚」「同　坂本龍馬」「同　西郷隆盛」「同　勝海舟」(旺文社)「佐久間象山」(奈良本辰也、左方郁子、清水書院)「大隈重信」(中村尚美、吉川弘文館)「坂本龍馬のすべて」(平尾道雄編、新人物往来社)「坂本龍馬—隠された肖像」(山田一郎、新潮社)「西郷隆盛」(田中惣五郎、吉川弘文館)「高杉晋作と久坂玄端」(池田諭、大和書房)「旺文社人物グラフィティ　高杉晋作　青春と旅」「同　坂本龍馬」(旺文社)「歴史ライブ　西郷隆盛」「同　坂本龍馬」「同　土方歳三」(福武書店)「聞き書き徳川慶喜残照」(遠藤幸威、朝日新聞社)「橋本左内」(山口宗之、吉川弘文館)「吉田松陰のすべて」(奈良本辰也編、新人物往来社)「歴史を変えた決断の瞬間」(会田雄次、角川書店)「歴史をさわがせた女たち」(永井路子、文藝春秋)「さわやかに生きた88人」(池波正太郎監修、講談社)「男の肖像」(塩野七生、文藝春秋)「人物列伝幕末・維新史」(綱淵謙錠、講談社)「歴史を彩った悪女、才女、賢女」(安西篤子、講談社)「幕末を駆け抜けた男たち——新撰組誠忠録」(今川徳三、教育書籍)「新撰組100話」(鈴木亨、立風書房)「明治史こぼれ話」(高木隆史、日本文芸社)「幕末ものしり読本」(杉本幸三、廣済堂文庫)「日本史探訪⑲開国か攘夷か」「同⑳幕末に散った火花」「同㉑菊と葵の盛衰」「同㉒幕末維新の英傑たち」

（角川文庫）「幕末維新の志士読本」（奈良本辰也、大陸書房）「幕末維新ものしり意外史」（早乙女貢、大陸書房）「幕末維新人物100話」（泉秀樹、立風書房）「西郷隆盛と大物の人間学」（三笠書房）「西郷隆盛と大久保利通」（泉秀樹、三笠書房）「幕末維新史の謎」（長文連、批評社）「「坂本龍馬おもしろ事典」（百瀬明治、新人物往来社）「明治維新の敗者と勝者」（田中彰、ＮＨＫブックス）「西郷隆盛」（井上清、中公新書）「勝海舟」（松浦玲、中公新書）「高杉晋作」（奈良本辰也、中公新書）「木戸孝允」（大江志乃夫、中公新書）「大久保利通」（毛利敏彦、中公新書）「幕末の長州」（田中彰、中公新書）「幕末維新の群像1〜5」（小学館）「西郷と大久保の生涯」（栗原隆一、大陸書房）「高杉晋作のすべて」（古川薫編、新人物往来社）「勝海舟のすべて」（小西四郎編、新人物往来社）「坂本龍馬のすべて」（平尾道雄編、新人物往来社）「西郷隆盛のすべて」（五代夏雄編・新人物往来社）「坂本龍馬事典」（新人物往来社）「坂本龍馬海援隊始末記」（平尾道雄、中公文庫）「中岡慎太郎陸援隊始末記」（平尾道雄、中公文庫）「幕末維新の経済人」（坂本藤良、中公新書）「日本宰相列伝1伊藤博文」（中村菊男、時事通信社）「同2山県有明」（御手洗辰雄、時事通信社）「伊藤博文明治官僚の肖像」（渡部英三郎、筑摩書房）「伊藤博文傳上・中・下」（春畝追頌会、原書房）「西郷隆盛の悲劇」（上田滋、中央公論社）「一外交官の見た明治維新」（アーネスト・サトウ、坂田精一訳、岩波文庫）「氷川清話」（勝部真長編、角川書店）「日本の歴史19」（小西四郎・中公文庫）「同20」（井上清、中公文庫）「女たちの明治維新」（小松浅乃、文園社）「妻たちの明治維新」（邦光史郎、読売新聞社）「男たちの明治維新」（奈良本辰也編、文春文庫）「隠された維新史」（早乙女貢、廣済堂文庫）「暗殺の歴史」（百瀬明治、廣済堂文庫）「歴史への招待2」（日本放送出版協会）「幕末維新人物100選」（福地重考監修、秋田書店）「幕末・男の決断」（会田雄次、三笠書房）「幕末動乱の男たち」（海音寺潮五郎、新潮社）「幕末の女たち」（船

山馨、河出書房新社）「幕末風俗政事物語」（紀田順一郎、河出書房新社）「吉田松陰」（奈良本辰也、岩波書店）「和宮様御留」（有吉佐和子、講談社）「新撰組始末記」（子母澤寛、角川書店）「日本重要戦乱事件事典」（教育社）
別冊歴史読本「坂本龍馬」「西郷隆盛」「吉田松陰と松下村塾の青春」「幕末維新動乱の群像」（新人物往来社）歴史読本（新人物往来社）歴史と旅（秋田書店）プレジデント'85 1月号（プレジデント社）読める年表（自由国民社）歴史ものしり百科（三公社）

幕末・維新大全

編　者　幕末・維新研究会
発行者　真船美保子
発行所　KK ロングセラーズ
東京都新宿区高田馬場 2-1-2　〒 169-0075
電話（03）3204-5161（代）　振替 00120-7-145737
http://www.kklong.co.jp
印　刷　太陽印刷　　製　本　難波製本

落丁・乱丁はお取り替えいたします。
※定価と発行日はカバーに表示してあります。
ISBN978-4-8454-5006-0　C0221　　Printed In Japan 2016